新时代智库出版的领跑者

国家智库报告 2024（21）
National Think Tank

如画三明：
精神文明建设的旗帜

辛向阳　刘爱玲　陈建波　杨彬彬　著

SCENIC SANMING:
BANNER OF SPIRITUAL CIVILIZATION CONSTRUCTION

中国社会科学出版社

图书在版编目(CIP)数据

如画三明：精神文明建设的旗帜 / 辛向阳等著.
北京：中国社会科学出版社，2024.10. -- （国家智库报告）. -- ISBN 978-7-5227-4161-1

Ⅰ. D648

中国国家版本馆 CIP 数据核字第 2024BX8262 号

出 版 人	赵剑英
责任编辑	黄　晗
责任校对	杨　林
责任印制	李寡寡

出　　版	中国社会科学出版社
社　　址	北京鼓楼西大街甲 158 号
邮　　编	100720
网　　址	http://www.csspw.cn
发 行 部	010-84083685
门 市 部	010-84029450
经　　销	新华书店及其他书店

印刷装订	北京君升印刷有限公司
版　　次	2024 年 10 月第 1 版
印　　次	2024 年 10 月第 1 次印刷

开　　本	787×1092　1/16
印　　张	9
插　　页	2
字　　数	105 千字
定　　价	49.00 元

凡购买中国社会科学出版社图书，如有质量问题请与本社营销中心联系调换
电话：010-84083683
版权所有　侵权必究

前　言

"宁化、清流、归化，路隘林深苔滑。今日向何方，直指武夷山下。山下山下，风展红旗如画。"① 1930年1月，毛泽东同志率领红四军第二纵队经连城入清流，在行军途中写下了"风展红旗如画"的著名词句。革命老区三明红色故事多、红色遗迹多、革命先辈多，革命精神薪火相传。1997年4月，时任福建省委副书记的习近平同志来到三明，经过深入调研后，富有远见卓识地指出："青山绿水是无价之宝，山区要画好'山水画'，做好山水田文章。"② 三明牢记习近平同志的嘱托，着力做好"红色三明""工业三明""绿色三明""文明三明"四篇文章，努力走出了一条"机制活、产业优、百姓富、生态美"的发展之路。精神文明是文明三明的重要

---

① 《毛泽东年谱（一八九三——一九四九）》修订本、上卷，中央文献出版社2013年版，第295页。
② 《青山绿水是无价之宝 山区要画好"山水画"做好山水田文章》，《福建日报》2022年4月11日第4版。

标志。三明精神文明建设有着悠久的历史、良好的传统，积累了先进的经验，探索了精神文明创建工作的科学规律。新时代深入、系统研究三明精神文明建设具有重要的理论和现实意义。

（一）

高度重视精神文明建设是我们党一以贯之的优良传统。1979年9月，叶剑英同志在庆祝新中国成立三十周年的讲话中，首次提出了建设社会主义精神文明问题。他指出："我们要在建设高度物质文明的同时，提高全民族的教育科学文化水平和健康水平，树立崇高的革命理想和革命道德风尚，发展高尚的丰富多彩的文化生活，建设高度的社会主义精神文明。这些都是我们社会主义现代化的重要目标，也是实现现代化的必要条件。"[①] 自此，党中央的文件、中央领导人的讲话中多次对精神文明进行了强调，建设社会主义精神文明也成为中国特色社会主义的重要组成部分。党的十一届六中全会通过的《中共中央关于建国以来党的若干历史问题的决议》就强调："社会主义必须有高度的精神文明"[②]。

[①] 《三中全会以来重要文献选编》上，人民出版社1982年版，第234页。

[②] 《中国共产党两个关于若干历史问题的决议》，人民出版社2021年版，第157页。

1982年中央办公厅转发《关于深入开展"五讲四美"活动的报告》，推进群众性精神文明创建活动全面展开。1982年9月邓小平同志在党的十二大开幕词中指出了到20世纪末的20年中党和国家要抓紧的四项工作，其中一项是建设社会主义精神文明。党的十二届六中全会通过《中共中央关于社会主义精神文明建设指导方针的决定》，这是为加强社会主义精神文明建设制定的第一个纲领性文件。之后，关于军队精神文明建设、学校德育工作、繁荣发展文艺事业等的文件、政策先后颁布，精神文明建设由提出走向深化。1990年党的十三届七中全会通过《中共中央关于制定国民经济和社会发展十年规划和"八五"计划的建议》，强调："建设高度的社会主义精神文明是建设有中国特色社会主义的一项根本任务。"[①] 将社会主义精神文明置于中国特色社会主义建设大格局中，强调了精神文明建设的社会主义属性和中国特色，进一步深化了物质文明与精神文明、精神文明与制度文明之间的内在逻辑关系。

在加强物质文明建设的同时，高度重视社会主义精神文明，在"两个文明"互动中推进中国特色社会主义建设是我们各项事业取得成就的有益经验。江泽民同志在党的十四大报告中强调："物质文明和精神文明都搞

---

① 中央文明办组织编写：《改革开放以来社会主义精神文明建设大事记》，辽宁人民出版社2001年版，第195页。

好,才是有中国特色的社会主义。"① 把社会主义精神文明建设作为中国特色社会主义的重要特征提出来,进一步深化了我们党对社会主义精神文明的理论认识。党的十四届六中全会通过《中共中央关于加强社会主义精神文明建设若干重要问题的决议》为精神文明建设制定了跨世纪的行动纲领,明确了加强社会主义精神文明建设的战略任务、指导思想和奋斗目标、加强和改善党对精神文明建设的领导等七个方面的问题。社会主义精神文明建设的架构体系基本确立。党的十六大报告指出:"全面建设小康社会,必须大力发展社会主义文化,建设社会主义精神文明。"② 胡锦涛同志发表题为"把促进经济社会协调发展摆到更加突出的位置"的重要讲话,强调"推动社会主义物质文明、政治文明和精神文明协调发展,坚持在经济社会发展的基础上促进人的全面发展,坚持促进人与自然的和谐"③,在"两个文明"的基础上,发展为物质文明、政治文明、精神文明三位一体的协同发展。

党的十八大以来,习近平总书记强调物质文明和精

---

① 中央文明办组织编写:《改革开放以来社会主义精神文明建设大事记》,辽宁人民出版社2001年版,第220页。
② 《十六大以来重要文献选编》(上),中央文献出版社2005年版,第29页。
③ 胡锦涛:《论构建社会主义和谐社会》,中央文献出版社2013年版,第4页。

神文明协调发展,他提出:"实现中华民族伟大复兴的中国梦,物质财富要极大丰富,精神财富也要极大丰富。我们要继续锲而不舍、一以贯之抓好社会主义精神文明建设,为全国各族人民不断前进提供坚强的思想保证、强大的精神力量、丰润的道德滋养。"① 物质文明的发展会对精神文明的发展提出更高的要求,精神文明的发展会为物质文明的发展提供动力,在经济全球化、政治多极化、文化多元化的背景下只有把精神文明建设好,人民群众日益增长的精神文化需要才能不断得到满足,思想道德素养和科学文化素质才能够得到进一步提高。党的二十大报告明确提出:"中国式现代化是物质文明和精神文明相协调的现代化。"② 党的二十大报告关于中国式现代化特征的概括,关于两种文明与中国式现代化关系的说明,把精神文明建设提高到了一个新的高度。

三明是中国精神文明建设的模板,也是中国精神文明建设的缩影,例证了中国精神文明建设的成果、成就。1984年6月11—18日,中央五讲四美三热爱活动委员会在三明召开全国"五讲四美三热爱"活动工作会议,总结自1982年以来大中城市开展"五讲四美三热

---

① 《习近平谈治国理政》第二卷,外文出版社2017年版,第323页。
② 习近平:《高举中国特色社会主义伟大旗帜 为全面建设社会主义现代化国家而团结奋斗——在中国共产党第二十次全国代表大会上的报告》(2022年10月16日),人民出版社2022年版,第22页。

爱"活动情况，推广三明建设文明城市经验，推动各地精神文明建设活动深入开展。这是第一次全国性精神文明建设工作会议。2024年是全国"五讲四美三热爱"活动工作会议在三明召开40周年。站在新的历史方位上，全面回顾三明精神文明建设的历程，客观审视新时代三明精神文明建设的新成就，系统总结三明精神文明建设的先进经验，科学擘画三明精神文明建设的未来图景，不仅是对三明精神文明建设工作从孕育到巩固提升的深刻总结，更是对中国精神文明建设发展道路的深邃思考，对福建乃至全国加强精神文明建设都具有重要的借鉴意义。

（二）

精神文明建设保障进一步全面深化改革的正确方向。党的二十届三中全会审议通过《中共中央关于进一步全面深化改革、推进中国式现代化的决定》指出："中国式现代化是在改革开放中不断推进的，也必将在改革开放中开辟广阔前景。"[1] 并强调："中国式现代化是物质文明和精神文明相协调的现代化。"[2] 纵观精神文

---

[1]《〈中共中央关于进一步全面深化改革、推进中国式现代化的决定〉辅导读本》，人民出版社2024年版，第14页。
[2]《〈中共中央关于进一步全面深化改革、推进中国式现代化的决定〉辅导读本》，人民出版社2024年版，第46页。

明建设的历史进程，改革开放为精神文明建设营造了良好的物质条件，改革的深入也对精神文明建设提出了更高的要求。改革愈深入，愈要求精神文明建设要以马克思主义为指导，正确解决中国特色社会主义建设的理论和实践问题。当前，我们面临着全球经济复苏乏力，各种传统和非传统安全问题相互交织的问题。我们需要进一步加强精神文明建设，充分发挥党的思想政治工作的优良传统，认真研究全面深化改革的进程中思想政治工作面临的新形势、新情况、新问题，坚持用习近平新时代中国特色社会主义思想武装全党、教育人民、指导实践；坚持全面深化改革"六个坚持"的原则；坚持和落实"两个毫不动摇"，巩固全体人民共同奋斗的思想基础。通过加强精神文明建设既解决改革的理论难题，又解决人们的思想认识问题，增强人民以中国式现代化全面推进中华民族伟大复兴的决心和信心，为进一步全面深化改革坚定不移地沿着社会主义方向前进提供保障。

新时代推进三明"四篇文章"要进一步全面深化改革，发挥精神文明建设在提高人们的思想文化道德素养方面的引领功能。改革是社会主义自我完善和自我发展的过程，不仅涉及经济基础、体制机制的改革，也必将对人们的生活方式、思想观念形成冲击。随着改革的深入，人们的伦理道德观念也将出现调整和变化。精神文明建设的成果帮助人们抵制和克服不利于进一步全面深化改革的错误思想的侵蚀。高度的物质文明，需要高度的社会主义精神文明建设与之相对应。如果广大人民群众在享受高质量的物质文明的同时，精神领域缺少了马克思主义的信仰、共产主义远大理想和中国特色社会主义共同理想的指引，就会出现信仰缺失、价值观扭曲的现象，就会受到拜金主义、享乐主义、极端个人主义的侵蚀；道德层面，就会出现纪律淡漠、道德失范、诚信缺失、违背社会公德、职业道德、家庭美德、个人品德的现象。理想信念的缺失将导致人民失去奋斗的动力和斗争的意志，最终将会丢掉社会主义精神状态、道德风貌。加强精神文明建设，才能坚决抵制各种错误思想，引导人民树立坚定的理想信念，筑牢思想根基，在为实现中华民族伟大复兴而奋斗的进程中砥砺品格、铸就人格，坚守社会主义的精神状态、道德风貌。

（三）

无论是理论提炼、实践探索还是经验总结，目的都在于指导实践、解决现实问题。站在新的历史方位上考察三明精神文明建设，就要研究新时代三明精神文明建设的新形态、新成就和新图景。习近平同志在福建工作期间，多次对三明精神文明建设作出重要指示批示，强调"三明市一直是精神文明建设先进典型，三明经验在全省乃至全国都有着较大的影响"①，给予三明精神文明建设很高的评价，寄予厚望。2015年2月，习近平总书记在会见荣获第四届"全国文明城市"称号的与会代表时指出："新时期精神文明建设是从三明开始的。"② 新时代的精神文明建设要以习近平新时代中国特色社会主义思想为指导，深入挖掘、系统研究习近平同志关于三明精神文明建设的重要指示批示精神，将其作为三明精神文明建设的根本遵循，在守正创新中推进三明精神文明建设新发展。新时代三明精神文明建设要以马克思主义为指导不断巩固主流意识形态，用社会主义核心价值观引领社会风尚，用精神谱系砥砺中华民族复兴的力量，在传承中华优秀传统文化中凝聚文化认同、增强文化自信。

实现中华民族伟大复兴，是新时代爱国主义的鲜明主题。新时代的三明精神文明建设要进一步深化爱国主义教育。爱国主义始终是动员和鼓舞全体人民团结奋斗的精神力量，也是新时代动员广大人民群众凝心聚力以中国式现代化全面推进中华民族伟大复兴的政治基础和道德基础。新时代三明精神文明建设要始终坚持以爱国

---

① 习近平等：《展山海宏图 创世纪辉煌——福建山海联动发展研究》，福建人民出版社2000年版，第431页。

② 张旭东、赵超、涂洪长、林超、高敬：《三明答卷——习近平新时代中国特色社会主义思想福建三明践行记》，《人民日报》（海外版）2020年12月17日第3版。

主义教育为核心，用习近平新时代中国特色社会主义思想教育人民，将爱党爱国爱社会主义相统一，激发人民群众推进中国式现代化的主动性、积极性，把人民群众的爱国之情、强国之志转化为推进中国式现代化的实际行动。理想、信念、道德、情操是时代精神的表现，社会主义精神文明对于形成社会主义的理想、信念、道德、情操具有重要的引领作用。新时代，"共产主义远大理想和中国特色社会主义共同理想，是中国共产党人的精神支柱和政治灵魂，也是保持党的团结统一的思想基础"[1]。这个共同理想集中体现了我国工人、农民、知识分子和其他劳动者、爱国者的共同追求和共同愿望，是保证全体人民在政治上、思想上、精神上团结一致的思想基础。三明精神文明建设，要不断加强理想信念教育，将其作为克服困难、争取胜利的强大思想武器。正如习近平总书记所指出的："如果一个社会没有共同理想，没有共同目标，没有共同价值，整天乱哄哄的，那就什么事也办不成。"[2] 正是为共产主义远大理想和中国特色社会主义共同理想而奋斗的精神，鼓舞着全党、全体人民勠力同心、顽强拼搏，为实现中华民族伟大复兴而团结奋斗。

---

[1] 《习近平著作选读》第二卷，人民出版社2023年版，第52页。
[2] 《习近平关于社会主义精神文明建设论述摘编》，中央文献出版社2022年版，第77页。

（四）

调研报告《如画三明：精神文明建设的旗帜》是中共三明市委宣传部委托中国社会科学院马克思主义研究院开展"三明精神文明建设经验研究"课题的阶段性成果。2024年1月和7月，中国社会科学院马克思主义研究院辛向阳院长带领课题组两次赴三明6个县市进行深入调研。三明市委宣传部对调研工作高度重视，给予了大力支持，三明市委常委、宣传部部长陈列平同志出席两次调研座谈会；三明市文明办主任黄丽鸿同志全程陪同调研；各有关县区高度配合，提供了很多具有重要参考价值的史料。在此向他们表示衷心感谢！

《如画三明：精神文明建设的旗帜》调研报告的撰写工作由辛向阳同志全面统筹，具体负责研究思路的确立、研究内容的设计、研究提纲的修订、研究报告的统稿、研究成果的审定工作。研究报告的前言由辛向阳执笔，第一部分由陈建波执笔，第二部分、第四部分由刘爱玲执笔，第三部分由杨彬彬执笔。常晨参加了初稿的修改工作。

三明作为精神文明建设的典范城市，有很多值得我们深入挖掘的成就、经验和启示。由于时间有限，本报告仅展现了三明精神文明建设的一角，后续我们仍将更加深入地对三明精神文明建设进行系统性研究。期待广大读者予以关注、支持并提出宝贵意见。

最后，感谢中国社会科学出版社黄晗编辑为书稿的顺利出版所付出的辛勤劳动。

辛向阳
2024 年 8 月

摘要："三明精神文明建设"是一张亮丽的名片，是全国精神文明建设的典型和旗帜。本报告系统梳理了三明精神文明建设的基本历程，全景展现了三明精神文明建设的重要成果，总结凝练了三明精神文明建设的独特经验，生动描绘了三明精神文明建设的未来图景。

新时代三明在精神文明建设方面取得了新成果、形成了新风尚。在探源铸魂中形成了三明精神文明建设的理论成果；在"第二个结合"中形成了三明精神文明建设的文化成果；在试行试改中完善了三明精神文明建设的制度机制；坚持以人民为中心形成了三明精神文明建设的价值形态。新时代三明精神文明建设取得了新进展：破除陈规陋习，精神文明建设为新农村树新风尚；服务群众，新时代文明实践中心为幸福生活"加码"；打造宜居城市，塑造新时代文明城市建设新形象；立德铸魂，新时代公民道德建设工程取得新成效。

三明在推进精神文明建设进程中积累形成了诸多的宝贵经验。这些经验主要体现在：始终坚持党的领导，发挥党的领导优势；始终坚持人民至上，不断满足人民需要；始终坚持实事求是，切实回应社会需求；始终注重制度建设，接续完善体制机制；始终坚持守正创新，有效激发创造活力；始终坚持系统观念，注重整体协同发展；始终坚持团结奋斗，广泛凝聚社会共识；始终坚持主体自觉，不断增强历史主动。这些历史经验是三明精神文明建设的重要财富，也为新时代新征程上接续推进精神文明建设提供了重要借鉴。

站在新的历史方位上，展望三明精神文明建设的未来图景，要以习近平新时代中国特色社会主义思想凝聚共识、统一行动；推进"五大文明"协调发展，树立整体文明观；推进文化自信自强，筑牢精神文明建设文化底蕴；坚持守正创新，推进精神文明建设新发展。

关键词：三明；精神文明建设；旗帜

Abstract: "Sanming spiritual civilization construction" serves as a shining hallmark, standing as a model and banner for national efforts in this area. This research report systematically outlines the basic history of spiritual civilization construction in Sanming, presents a comprehensive view of its significant achievements, summarizes the unique experiences gained, and vividly depicts the future landscape of spiritual civilization construction in the region.

In the new era, Sanming has made new achievements and fostered a fresh cultural atmosphere in spiritual civilization construction. Theoretical outcomes have emerged from deep exploration and soul-searching; cultural results have developed through the "second combination"; institutional mechanisms have been refined through trial and reform; and a people-centered value form has been established. The progress in Sanming during this new era is exemplified by the dismantling of outdated customs, the establishment of new norms in rural revitalization, enhancing community service through the Civil Practice Centers for a happier life, creating a livable city with a new image of urban civilization, and achieving new results in citizen moral education.

Throughout the process of promoting spiritual civilization construction, Sanming has accumulated valuable experiences. These experiences include: steadfastly adhering to party leadership to leverage its strengths; prioritizing the people and continuously meeting their needs; maintaining a pragmatic approach to effectively respond to social demands; emphasizing institutional development to improve systems; adhering to innovation to stimulate creative vitality; adopting a holistic perspective for coordinated development; fostering solidarity to build social consensus; and encouraging proactive participation to enhance historical agency. These historical experiences are crucial assets for the spiritual civilization construction in Sanming and provide important references for advancing efforts in the new era and on the new journey ahead.

Standing at a new historical juncture and looking ahead to the future of Sanming's spiritual civilization, we need to come together around Xi Jinping's Thought on Socialism with Chinese Characteristics for a New Era. It's important to promote the coordinated growth of the "five civilizations" and develop a holistic view of civilization. We should focus on strengthening our cultural confidence and self-improvement to build a solid cultural foundation for spiritual civilization. Additionally, we must emphasize integrity and innovation to drive fresh developments in this area.

Key Words: Sanming; spiritual civilization construction; banner

目　录

一　三明精神文明建设的历程 …………………（1）
（一）三明精神文明建设在改革开放和社会主义
　　　现代化建设新时期的探索 ……………（2）
（二）三明精神文明建设在新时代历史性变革中的
　　　持续发展 …………………………………（21）

二　三明精神文明建设新成果、新风尚 …………（32）
（一）在探源铸魂中形成三明精神
　　　文明建设的理论成果 ……………………（34）
（二）在"第二个结合"中形成三明精神
　　　文明建设的文化成果 ……………………（37）
（三）在试行试改中完善三明精神
　　　文明建设的制度机制 ……………………（40）
（四）以人民为中心形成三明精神
　　　文明建设的价值形态 ……………………（44）

（五）破除陈规陋习，精神文明建设

　　为新农村树新风尚 …………………（46）

（六）服务群众，新时代文明实践中心

　　为幸福生活"加码" …………………（52）

（七）打造宜居城市，塑造新时代文明

　　城市建设新形象 ……………………（55）

（八）立德铸魂，新时代公民道德建设

　　工程取得新成效 ……………………（61）

三　三明精神文明建设的历史经验 …………（65）

（一）始终坚持党的领导，发挥党的

　　领导优势 ……………………………（65）

（二）始终坚持人民至上，不断满足

　　人民需要 ……………………………（71）

（三）始终坚持实事求是，切实回应

　　社会需求 ……………………………（77）

（四）始终注重制度建设，接续完善

　　体制机制 ……………………………（82）

（五）始终坚持守正创新，有效激发

　　创造活力 ……………………………（86）

（六）始终坚持系统观念，注重整体

　　协同发展 ……………………………（90）

（七）始终坚持团结奋斗，广泛凝聚
　　　社会共识 ……………………………（93）
（八）始终坚持主体自觉，不断增强
　　　历史主动 ……………………………（97）

四　三明精神文明建设新图景 ……………（102）

（一）以习近平新时代中国特色社会主义
　　　思想凝聚共识、统一行动 …………（102）
（二）推进"五大文明"协调发展，
　　　树立整体文明观 ……………………（105）
（三）推进文化自信自强，筑牢精神文明
　　　建设文化底蕴 ………………………（110）
（四）坚持守正创新，推进精神
　　　文明建设新发展 ……………………（114）

参考文献 ……………………………………（118）

一　三明精神文明建设的历程

习近平总书记指出："中国特色社会主义是物质文明和精神文明全面发展的社会主义。一个没有精神力量的民族难以自立自强，一项没有文化支撑的事业难以持续长久。"① 1996年5月至2002年6月，习近平同志到三明11次，留下了"青山绿水是无价之宝"②"画好'山水画'"③等重要指示；强调各级领导干部不要忘记老区和老区人民，应该积极发展老区建设，不断改善老区人民的文化经济生活，等等。这些重要指示，为三明的建设和发展描绘了蓝图、指明了方向。④ 三明市是

---

① 《习近平谈治国理政》第一卷，外文出版社2018年版，第52页。
② 求是杂志社调研组：《三明：以人民为中心的生动实践》，《求是》2021年第1期。
③ 求是杂志社调研组：《三明：以人民为中心的生动实践》，《求是》2021年第1期。
④ 求是杂志社调研组：《三明：以人民为中心的生动实践》，《求是》2021年第1期。

群众性精神文明创建活动的重要发祥地。习近平同志在福建工作期间对此高度肯定:"在精神文明建设上,三明市负有盛名。"① 党的十八大以来,以习近平同志为核心的党中央高度重视社会主义精神文明建设,习近平总书记关于加强社会主义精神文明建设的重要论述,为社会主义精神文明建设发展提供了强大思想武器。

站在全面建成社会主义现代化强国、实现第二个百年奋斗目标,以中国式现代化全面推进中华民族伟大复兴的新的历史起点上,我们回顾三明开展社会主义精神文明建设的历史过程,总结他们取得的宝贵经验,是十分重要和必要的。

(一)三明精神文明建设在改革开放和社会主义现代化建设新时期的探索

1. 探索起步阶段

1981年2月至1989年5月,即"五四三"活动兴起到党的十三届四中全会召开之前,是三明精神文明建设的起步阶段。党的十一届三中全会以后,我国进入改革开放和社会主义现代化建设的新时期,党深刻认识社会主义精神文明的战略地位,坚持"两手抓",即一手

---

① 欧阳秀敏、潘玉腾:《牢记习近平同志对三明精神文明建设的重要嘱托 奋力书写建设文明新高地的福建答卷》,《福建日报》2023年6月27日第9版。

抓物质文明建设、一手抓精神文明建设，为推进中国特色社会主义事业不断发展提供了强大的精神动力、智力支持和思想保证。

（1）党深刻认识和高度重视社会主义精神文明建设的重要性

1979年9月，党的十一届四中全会正式提出"社会主义精神文明"的科学概念。同年10月，邓小平同志就指出："我们要在大幅度提高社会生产力的同时，改革和完善社会主义的经济制度和政治制度，发展高度的社会主义民主和完备的社会主义法制。我们要在建设高度物质文明的同时，提高全民族的科学文化水平，发展高尚的丰富多彩的文化生活，建设高度的社会主义精神文明。"[①] 1980年12月，邓小平同志在中共中央工作会议上指出："我们要建设的社会主义国家，不但要有高度的物质文明，而且要有高度的精神文明。所谓精神文明，不但是指教育、科学、文化（这是完全必要的），而且是指共产主义的思想、理想、信念、道德、纪律，革命的立场和原则，人与人的同志式关系，等等。"[②] 1982年9月，在党的十二大开幕词中，邓小平同志把建设社会主义精神文明确定为"我们坚持社会主义道路，集中力量进行现代化建设的最重要的保证"[③] 之一。党

---

① 《邓小平文选》第二卷，人民出版社1994年版，第208页。
② 《邓小平文选》第二卷，人民出版社1994年版，第367页。
③ 《邓小平文选》第三卷，人民出版社1993年版，第3页。

的十二大报告专列"努力建设高度的社会主义精神文明"一章,指出建设社会主义精神文明是全党的任务,是各条战线的共同任务,构建了社会主义精神文明理论的初步框架。

1986年9月1日,习仲勋同志出席中共中央召开的座谈会。会议邀请各民主党派、全国工商联和有关人民团体负责人,无党派人士和民族、宗教界人士,以及部分中青年知识分子,对《中共中央关于社会主义精神文明建设指导方针的决议(征求意见稿)》提出修改补充意见。习仲勋同志介绍了起草这一决议的必要性和重要性,以及决议的基本内容、基本要求和努力方向。习仲勋同志着重强调:"贯穿这个决议稿全文的主导思想是,整个精神文明建设工作的出发点和落脚点应当是也只能是:努力使全国各族人民最广泛最紧密地团结起来,坚持全面改革和对外开放,同心同德、群策群力地建设社会主义现代化的伟大祖国。概括地说,就是四个大字:团结、建设。这是我们党的马克思主义路线在社会主义精神文明建设中的体现。"[①] 1986年党的十二届六中全会通过的《中共中央关于社会主义精神文明建设的指导方针的决议》,明确提出了精神文明建设的战略地位:社会主义精神文明建设是关系社会主义兴衰成败的大

---

① 《习仲勋年谱(一九一三—二〇〇二)》第4卷,中央文献出版社2024年版,第43页。

事；提出社会主义精神文明建设的根本任务，是培育有理想、有道德、有文化、有纪律的社会主义公民，提高整个中华民族的思想道德素质和科学文化素质。这一决议是新的历史时期加强我国社会主义精神文明建设的纲领性文献。社会主义精神文明建设促进了党风和社会风气的好转，为全国人民投身改革开放和现代化建设提供了强大精神动力。

（2）三明开展精神文明建设并取得显著成效

1981年2月，中宣部等五部门联合开展"'五讲四美'文明礼貌活动"。三明积极响应号召，以治理"脏乱差"为突破口，率先部署开展"五讲四美"活动，注重解决城乡"路不平、灯不明、沟不通"等民生"八大难"问题。当时，在三明流传一个"厕所会议"的故事：原来实验小学门口有间旧厕所，长年累月无人管理，粪便四溢。学校呼吁拆除，十多年无人理睬。开展精神文明建设后，市委领导同志把有关部门负责人请到厕所边开现场会，让大家都闻一闻实验小学师生闻了十多年的臭气，清醒一下头脑。第二天，市委领导带头到现场除粪、填土、拆房架，终于解决了留积十多年的问题。"厕所会议"在人民群众中引起强烈的反响，也使大家进一步意识到，建设社会主义精神文明，首先要端正领导作风，脚踏实地为人民群众办实事办好事，人民群众就会拥护，就会把工作做好。

1983年5月31日,《人民日报》头版刊发了《三明市发生十大喜人变化》的报道,介绍了全市在十个方面发生的变化。一是解决了住房难问题,近三年共建住宅50多万平方米,人均住房面积有了较大幅度增加。二是解决行路难问题,1983年共集资42万元,作为治理小街巷专款,已治理支路、小巷47条,正在治理的43条;新购客车20部,增开直达车、通宵车。三是解决吃菜、买东西难问题,新发展266家集体商业和822家个体商业饮食服务业,创办11个具有特色的综合商场,开放10个农贸市场,国营商业推行经营承包责任制,流通活了。特别是农贸市场货物齐全,应有尽有。四是解决了就业难问题,广开就业门路,大力发展集体、个体企事业,基本解决了就业问题。五是瞻前顾后,用水不愁。20万人口的城市,工业用水日供能力64万吨,生活用水日供能力14万吨,是全省用水最充裕的城市之一。六是文化教育事业有一个大的发展。近三年,地方财政拨款250万元用于教育,占整个地方机动财政的一半,基本普及小学、中学教育。全市有大中专正规学校10所。此外,还创办职业教育,发展电视、函授和各种类型的业余教育。全市新建扩建大小公园花圃67座、影剧院11家。七是环境卫生面貌有很大改观,绿化、美化方面也走在福建省前列。全市林木覆盖率达85%。八是社会秩序、治安好转,1982年刑事案件下降57%,治安案件下降36%，青少年犯罪案件下降22.8%。九是党风带民风，一个热心公益、助人为乐、团结和睦的新风尚正在形成。三明市委向全市党员、群众发出"为党增辉，为国争光，为人民办好事"的号召。1982年下半年以来，各级领导干部为群众办了4000多件有较大影响的好事，涌现一大批先进集体和先进个人。十是极大地促进了物质文明建设。1982年，在前两年大幅度增长的基础上，整个经济财贸战线出现项目指标超计划、项项任务都增长的从没有过的好形势。社员人均收入连续三年居全省首位。1984年1月，三明在全国率先成立精神文明建设工作机构——三明市精神文明建设委员会。1985年，福建省委、省政府授予三明市1984年度"文明城市"称号，三明市成为国内首个被授予省级文明城市的地级市。

三明精神文明建设有不少创新之处。例如，三明从实际出发，提出了适合本市特点的"五高五好"文明单位标准：①思想领先，政治素质高；讲求效益，生产工作好；②移风易俗，道德水准高；遵纪守法，社会风气好；③文体活跃，学习热忱高；科教普及，推广技术好；④环境优美，绿化质量高；布局合理，整洁卫生好；⑤讲究文明，人人风格高；团结互助，家庭创五好。在精神文明单位创建活动中及时发现典型，总结提高，加以推广。在红色教育方面，三明市采取多种形式，开辟多条渠道加强革命传统教育，如建立历史展览馆，请老红军、老赤卫队员、老游击队员、老堡垒户回忆革命斗争史，举办故事会、演讲会等，从而在群众中引起强烈的反响，在思想上产生了共鸣。这些举措都取得了良好效果。

1984年6月11—18日，全国"五讲四美三热爱"活动工作会议在三明市召开。大会交流并讨论了两年多来活动开展的成果和经验，强调要在全国各地学习和推广三明市的宝贵经验，号召"全国学三明、三明学全国"，将活动推向一个更高的发展阶段。1986年，三明市建成全国第一个以精神文明建设为主题的展览馆——"三明市精神文明建设展览馆"。

1986年，为解决老旧小区的管理难题，三明市率先构建"思想工作联做，共育四有新人；科学文化联教，共同提高素质；社会治安联防，共创安全环境；公益事业联办，共建服务设施；环境建设联建，共建优美环境；经济工作联抓，共图区域繁荣"的"六联六建"区域性精神文明共建机制。习近平同志予以高度肯定："'六联六建'经验在全国有推广意义，有力地促进了全省精神文明建设的巩固、发展、创新和提高。"[①] 1987年3月1日，三明市文明委和三明团市委联合倡导开展

---

① 欧阳秀敏、潘玉腾：《牢记习近平同志对三明精神文明建设的重要嘱托 奋力书写建设文明新高地的福建答卷》，《福建日报》2023年6月27日第9版。

"满意在三明"活动。此后逐步拓展到各行各业,并延续至今。1989年,将乐县高唐镇常口村在全国率先开展以"创十星评十户"为载体的农村精神文明创建活动。习近平同志给予充分肯定,强调"要把农村精神文明建设摆在更加突出的位置"[①]。"十星"包括勤劳致富、遵纪守法、诚实守信等十个方面的内容,会随着乡村的发展而调整,家家户户只要努力都有希望拿到。"十户"则从"十星级文明户"中产生,把某个单项特别突出的再选出来,每个村评出10户。20多年来,"星级文明户"创建活动在三明全市范围内铺开。截至2022年12月,三明市共有1506个村开展"星级文明户"评选活动,占比为87%;参评农户56.4万户,获评星级文明户达25.4万户。[②]"争星创星"在三明市农村成为一种风尚。

2. 夯实基础阶段

1989年6月至1996年9月,即党的十三届四中全会到党的十四届六中全会,为三明市精神文明建设的夯实巩固阶段。党的十三届四中全会后,党中央采取一系列有力举措克服一段时期以来思想政治教育偏软偏弱的

[①] 欧阳秀敏、潘玉腾:《牢记习近平同志对三明精神文明建设的重要嘱托 奋力书写建设文明新高地的福建答卷》,《福建日报》2023年6月27日第9版。

[②] 罗燕:《新时期精神文明建设在此发芽开花——为基层治理增活力为高质量发展添动力》,《民生周刊》2024年第16期。

问题。1992年10月,党的十四大提出精神文明重在建设,要求坚持"两手抓、两手都要硬",把社会主义精神文明提高到新水平。

(1) 党采取有力措施进一步加强社会主义精神文明建设

1993年12月26日,江泽民在毛泽东同志诞辰100周年纪念大会上的讲话中指出:"我们必须大力加强社会主义精神文明建设,促进全体人民的思想道德和科学文化素质的不断提高。社会主义的优越性,不仅表现在它能够极大地解放和发展社会生产力,创造出高度的物质文明,而且表现在它能够消除资本主义和其他剥削制度所必然产生的种种贪婪和腐败现象,创造出高度的精神文明,保证社会的全面进步。"① "加强社会主义精神文明建设,是对全党同志的重要考验。一切忠于有中国特色社会主义事业的共产党员和领导干部,都必须高度重视和认真致力于发展社会主义精神文明,不断地把精神文明建设推向前进。"② 1994年1月,江泽民同志在全国宣传思想工作会议上指出:"我们的宣传思想工作,必须以科学的理论武装人,以正确的舆论引导人,以高尚的精神塑造人,以优秀的作品鼓舞人。"③

---

① 《江泽民文选》第一卷,人民出版社2006年版,第357—358页。
② 《江泽民文选》第一卷,人民出版社2006年版,第358—359页。
③ 《十四大以来重要文献选编》上,中央文献出版社2011年版,第565页。

1996年10月,党的十四届六中全会审议通过《中共中央关于加强社会主义精神文明建设若干重要问题的决议》,这是社会主义精神文明建设的又一个纲领性文件。该决议指出,精神文明建设的指导思想和总的要求是:以马克思列宁主义、毛泽东思想和邓小平建设有中国特色社会主义理论为指导,坚持党的基本路线和基本方针,加强思想道德建设,发展教育科学文化,以科学的理论武装人,以正确的舆论引导人,以高尚的精神塑造人,以优秀的作品鼓舞人,培育有理想、有道德、有文化、有纪律的社会主义公民,提高全民族的思想道德素质和科学文化素质,团结和动员各族人民把我国建设成为富强、民主、文明的社会主义现代化国家。会后,中央和地方各级精神文明建设指导委员会及办公室相继成立,以创建文明城市、文明村镇、文明行业为主要内容的群众性活动以及社会公德、职业道德和家庭美德教育在全国各地蓬勃开展起来,有力地促进了社会主义精神文明建设。

这一时期,精神文明建设进一步推进。1989年7月28日,中共中央印发《关于加强宣传、思想工作的通知》。该通知指出,要下决心解决毒害青少年、污染社会风气的书刊和音像制品泛滥成灾、久禁不绝的问题;要认真整顿文化市场,取缔各种非法的、反动的、有严重政治错误的,宣扬色情、暴力和封建迷信的出版物和音像制品。同年8月5日,中央宣传思想工作领导小组会议决定,成立专门班子从事书报刊及音像市场的清理工作。根据这一决定,成立了全国整顿清理书报刊和音像市场工作小组(即全国"扫黄打非"工作小组前身)。同年8月24日,中共中央、国务院举行全国整顿清理书报刊及音像市场电话会议。1990年10月22—26日,全国"扫黄"工作会议举行。1991年4月,"希望工程"开始实施。从1991年开始,中宣部组织实施精神文明建设"五个一工程"奖评选。1992年5月20日,中宣部颁发"五个一工程"组织工作奖和入选作品奖。

(2)面对新的形势和任务,三明市进一步加强精神文明建设

党的十三届四中全会之后,三明市全面开展争当文明市民,争创文明楼院、文明窗口、文明企业、文明单位、文明片区等系列创建活动,进一步建立健全了"两手抓、两手都要硬"的领导体制和工作机制,并将精神文明建设纳入国民经济和社会发展规划,创建力度上有新发展。1990年2月和1991年9月,中共中央政治局常委李瑞环和乔石先后到三明市视察。1990年8月9日,《人民日报》在头版显著位置发表了《好在共建、贵在坚持——关于福建省三明市精神文明建设的调查》一文。该文认为,三明市精神文明建设的经验主要体现在六个方面:一是不断增强自觉性,始终坚持两手抓。

纵观三明市10年的实践，一个最突出的特点是市委十年如一日，始终不懈地坚持并不断深化"两个文明一起抓"的指导思想。从1981年起，三明市"两项任务一起下，两个成果一起要"，一跃成为全国著名的文明城市，初步显示了"两个文明一起抓"的威力。二是树立精神支柱，全面提高素质。多年来，三明市上下坚定信念，提出了"团结、拼搏、务实、创新"的"三明精神"，得到了全市人民的拥护和认同，形成强大的凝聚力和向心力。他们在各自岗位上培育了既体现三明精神又各具特色的厂风、校风、店风、院风、站风、街风。在树立精神支柱的过程中，三明市委坚持运用先进典型教育群众，同时还提出"满意在三明"。三明市人民的思想道德素质有了显著提高。三是搞好区域并建，发挥群体优势。充分调动广大群众的积极性，走"党政军民学，共建文明城"的新路，是三明市独具特色的又一成功经验。三明市在市区全面推开了以"六联六建"为主要内容的区域共建活动，党群之间、干群之间、相邻单位之间以及各类居民之间的关系明显改善，团结、友爱、互助蔚然成风，集体主义、群体意识以及群众自治、民主管理的积极性大大提高，形成了"区域内的事情大家管，集体公益事业大家办"的新风尚。四是适应时代要求，推进改革开放。三明市委把增强全民改革开放意识作为精神文明建设的一项重要内容，极大地振奋了全市人民改革开放的热情。同时，面对精神文明建设遇到的各种思想挑战。三明市委及时提出"精神文明与改革开放同步，改革开放与精神文明同向"的发展思路，在两者的相互作用中发挥精神文明建设的导向和规范作用。五是推行量化管理，狠抓规划落实。三明市委对每个时期的精神文明建设都有全面的规划。从市区（县）街道（乡镇）乃至居民小组、村民小组和个人都有自己的规划，形成"纵到底、横到边"的规划网络。为了使精神文明建设规划落到实处，三明市委在每个阶段都有一个确定的主题，有明确的"抓手"。全面实行量化管理，特别是设立市精神文明建设委员会等强有力的组织机构，保证了精神文明建设的各项任务落到实处。六是干部甘当公仆，党风带动民风。三明市委把加强自身的精神文明建设特别是党风建设作为整个精神文明建设的重要内容和根本保证，一手抓思想教育，一手抓制度建设。在三明市，领导干部有着强烈的为人民服务、对人民负责的事业心和勤政意识，始终保持了党员队伍的先进性，党员在群众中享有较高的威信，有力地推动了全社会的精神文明建设。同时，《人民日报》还专门配发了评论，指出这篇调查报告概括的六条经验，在三明是行之有效的，对全国其他地区也有借鉴意义。三明市的实践再次告诉我们，一个地方的精神文明建设搞得好，关键在于领导者的认识高，在于狠抓落实，在于常抓不懈。

1990年10月，中共中央办公厅调研室宣传组编写的《三明之路——福建省三明市社会主义精神文明建设的经验》一书，由法律出版社正式出版。此书对三明市精神文明建设的经验作了全面的展示和分析。例如，书中提出，三明市的精神文明建设经验的启示有：在建设有中国特色的社会主义的历史进程中，必须努力做到"两个文明一起抓"；必须正确认识和处理改革开放、发展商品经济与精神文明建设的关系；必须强化社会主义精神文明建设的整体、系统效应；在社会主义精神文明建设中必须正确把握思想道德建设与现行经济政策的关系；精神文明建设的方式方法必须改进和完善。[①] 1992年，三明市被授予"全国中小学德育工作先进城市"。1993年11月，中宣部在三明市召开全国首次文明办主任座谈会，充分肯定三明市精神文明建设"好在共建、贵在坚持、重在建设"的创建经验。

3. 巩固提升阶段

1996年10月至2012年10月，即党的十四届六中全会到党的十八大召开之前，为三明市精神文明建设的巩固提升阶段。社会主义社会是全面发展、全面进步的

[①] 中共中央办公厅调研室宣传组编：《三明之路——福建省三明市社会主义精神文明建设的经验》，法律出版社1990年版，第203—211页。

社会,社会主义现代化事业是物质文明和精神文明协调发展的事业。随着中国特色社会主义事业的不断发展,加强社会主义精神文明建设面临新任务新要求。

(1) 加强精神文明建设,不断满足人民群众日益增长的精神文化需求

1996年10月,党的十四届六中全会召开,审议并通过了《中共中央关于加强社会主义精神文明建设若干重要问题的决议》(以下简称《决议》)。全会强调,我们进行的精神文明建设,是以经济建设为中心、坚持四项基本原则和坚持改革开放的精神文明建设,是继承发扬优良传统而又充分体现时代精神、立足本国而又面向世界的精神文明建设。全会明确指出,社会主义精神文明建设的指导思想是:以马克思列宁主义、毛泽东思想和邓小平建设有中国特色社会主义理论为指导,坚持党的基本路线和基本方针,加强思想道德建设,发展教育科学文化,以科学的理论武装人,以正确的舆论引导人,以高尚的精神塑造人,以优秀的作品鼓舞人,培育有理想、有道德、有文化、有纪律的社会主义公民,提高全民族的思想道德素质和科学文化素质,团结和动员各族人民把我国建设成为富强、民主、文明的社会主义现代化国家。全会强调,社会主义思想道德集中体现着精神文明建设的性质和方向。要积极发展社会主义文化事业,满足人民群众日益增长的精神文化需求。社会主

义精神文明建设是群众性的事业。建设物质文明关键在党，建设精神文明关键也在党。《决议》指出："建设有中国特色社会主义的伟大事业，是一场新的伟大革命。在这场革命中，中国共产党人和中国人民有信心、有能力在改造客观世界的同时改造主观世界，在建设高度物质文明的同时建设高度的社会主义精神文明。"① 《决议》对于推进社会主义精神文明建设发挥了重要作用。1996年12月，中宣部、文化部等十部委联合下发了《关于开展文化科技卫生"三下乡"活动的通知》，并从1997年开始正式实施。2002年1月，国务院办公厅转发《关于进一步加强基层文化建设的指导意见》，对进一步加强基层文化建设、用先进文化占领城乡阵地作出部署，推动地方各级政府把基层文化建设纳入当地国民经济和社会发展总体规划。

党的十六大以后，党中央从全面建设小康社会、加快推进社会主义现代化建设全局出发，把精神文明建设摆到更加突出的位置。2006年3月，胡锦涛同志提出了以"八荣八耻"②为主要内容的社会主义荣辱观，全国兴起了践行社会主义荣辱观的热潮。2006年10月，党的十六届六中全会通过的《中共中央关于构建社会主义和谐社会若干重大问题的决定》，第一次明确了"建设

---

① 《十四大以来重要文献选编》下，中央文献出版社2011年版，第153页。
② 《胡锦涛文选》第二卷，人民出版社2016年版，第430页。

社会主义核心价值体系"这个重大命题和战略任务。2011年10月,党的十七届六中全会作出了《中共中央关于深化文化体制改革 推动社会主义文化大发展大繁荣若干重大问题的决定》,明确提出"建设社会主义文化强国"的战略目标。

这一时期,党中央提出"以德治国"的重要思想;印发《爱国主义教育实施纲要》《公民道德建设实施纲要》;在全社会大力倡导"爱国守法、明礼诚信、团结友善、勤俭自强、敬业奉献"的基本道德规范;群众性精神文明创建活动持续广泛开展;各种形式的志愿服务活动快速发展。此外,全国道德模范评选表彰、"100位为新中国成立作出突出贡献的英雄模范人物和100位新中国成立以来感动中国人物"评选等活动的开展,有力促进了精神文明建设。

(2) 习近平同志高度关注三明发展并作出重要指示

1997年在福建省委省政府研究三明发展问题会议上,时任福建省委副书记的习近平同志提出:"三明精神文明建设已经有了知名度,这是无形资产,要继续探索新时期两个文明建设的新路子,使三明精神文明建设再造辉煌。"[①] 怀着对老区的深情,习近平同志十分关心三明。泰宁县新桥乡岭下村,山坳里的这座小村庄留下

---

① 张洁玲:《以人民为中心深化三明精神文明建设实践》,《三明日报》2024年6月16日第3版。

了习近平同志的深深足迹。1999年7月7日，习近平同志坐了近2个小时的车，一路颠簸来到村里调研，看望村里当年的老游击队员黄炳茂，并在村里深入座谈。当时的岭下村1000多口人只有1400多亩地，全村只有一部手摇电话机，村民吃水要去河里挑。这次调研后，习近平同志专门召开了调研老区工作汇报会，提出"三个不要忘记"——不要忘记老区，应该积极发展老区建设；不要忘记老区人民，不断改善他们的文化经济生活；不要忘记"五老"和这些革命老干部，发挥他们的余热，关心他们的生活。1999年年底，岭下村全村安装了低压线路，用上了稳定的电。2000年5月，村里有了自来水。又过了一年，村里通了水泥路。办起红军食堂，设立初心公园，发展红色旅游，如今山清水秀的岭下村，迎来八方客人。①

（3）三明精神文明建设进一步巩固提升

党的十四届六中全会后，三明以"讲文明、树新风"为主线，以深化"满意在三明"为主题，突出育人与环境建设两大任务，以文明城市、文明村镇、文明行业"三大创建"为重点，进一步掀起群众性社会主义精神文明建设活动的新高潮，先后获得全国综治"长安杯"、全国双拥模范城、国家卫生城市、国家园林城市、

---

① 张旭东、赵超、涂洪长、林超、高敬：《三明答卷——习近平新时代中国特色社会主义思想福建三明践行记》，《人民日报》（海外版）2020年12月17日第1版。

中国优秀旅游城市等荣誉称号。

党的十六大之后，三明以"三个代表"重要思想和科学发展观统领精神文明建设工作，坚持瞄准创建全国文明城市目标，加快建设开放三明、幸福三明，取得了较好的成效。2005年5月11日，三明市委审定"开明、清明、文明"为新时期的三明精神。

三明不断深化群众性精神文明创建活动，促进城乡协调发展、共同进步。首先是创建文明社区。在稳步扎实地开展社区整合工作的同时，顺应时代要求，满足百姓需求，开展了以"共创文明社区，同享幸福生活"为主题的文明社区、文明小区创建活动，先后推出了"以服务社区、援助社区、共建社区、发展社区"为宗旨的"九联一体化、服务千万家"和创建学习型文明社区（家庭和单位）等载体活动，带动了"以学习为时尚、以创新为动力、以发展为目的"学习氛围的形成，市民文明素质和城市文明程度得到不断提升。一些社区设立"互助联谊角"，以此融洽邻里关系、陶冶大家的情操。许多社区还设有道德评议会。各社区、区行业单位开展"三明市民在行动"主题活动，塑造"满意在三明"的良好形象。另外，早在2007年，针对农村撤点并校后带来的农村寄宿生营养不足、生活一时难以自理以及在校"就餐难、如厕难、洗浴难"等问题，三明市将乐县在福建省率先实施农村中小学寄宿生"食宿改善"工程，并投资1000多万元，用4年时间改善农村中小学食宿条件。

1999年、2005年、2008年、2011年，三明市先后四次获得"全国创建文明城市工作先进城市"称号。2012年2月，三明市荣获"全国未成年人思想道德建设工作先进城市"称号。

（二）三明精神文明建设在新时代历史性变革中的持续发展

党的十八大以来，三明广大干部群众坚持以习近平新时代中国特色社会主义思想为指导，牢记习近平总书记重要嘱托，立足新时代历史性变革和成就，积极培育和践行社会主义核心价值观，全力推进"四个着力"[①]、做实"四篇文章"[②]、深化"五比五晒"[③]，凝心聚力巩

[①] "四个着力"：着力机制活、着力产业优、着力百姓富、着力生态美。

[②] "四篇文章"：一是发挥中央苏区优势，唱响"风展红旗如画"品牌、宣传红色三明故事，激励干部把红色基因转化为干事创业的实际行动；二是发挥老工业基地优势，推进"老树发新枝"，努力调大、调优第二产业，大力发展第三产业，在农业产业化、林业产业化方面大胆探索的要求，推进老工业基地转型；三是发挥绿色生态优势，打造"中国绿都最氧三明"品牌，扎实抓好山地开发，做好山水田文章的要求，以生态产业化为抓手，大力发展全域森林康养产业，补强第三产业短板；四是发挥文明城市优势，提升"满意在三明"品牌，以二次创业精神来推动精神文明建设上新水平的要求，推动文明城市在新时代展现新风采，力求加快三明苏区脱贫奔小康。

[③] "五比五晒"：比增长点、晒质量，比拉动点、晒投资，比税收点、晒效益，比补短板、晒三产，比真招商、晒服务。

固提升创城成果，深入拓展"满意在三明"创建品牌，率先试行市民文明积分，蝉联三届全国文明城市，入列中国"志愿之城"试点城市，打造"大爱三明""幸福三明"等新时代精神文明建设新品牌，成效显著。

1. 精神文明建设站到新的历史起点上

党的十八大以来，以习近平同志为核心的党中央始终把精神文明建设放在治国理政的重要位置，作出一系列重大决策部署，推出一系列重大政策举措，推动中国特色社会主义文化繁荣发展，不断将精神文明建设推向新的更高水平。

习近平总书记在党的二十大报告中指出："中国式现代化是物质文明和精神文明相协调的现代化。物质富足、精神富有是社会主义现代化的根本要求。物质贫困不是社会主义，精神贫乏也不是社会主义。我们不断厚植现代化的物质基础，不断夯实人民幸福生活的物质条件，同时大力发展社会主义先进文化，加强理想信念教育，传承中华文明，促进物的全面丰富和人的全面发展。"① 2013年12月，中共中央办公厅印发《关于培育和践行社会主义核心价值观的意见》，要求把培育和践行社会主义核心价值观融入国民教育全过程、落实到经

---

① 习近平：《高举中国特色社会主义伟大旗帜 为全面建设社会主义现代化国家而团结奋斗——在中国共产党第二十次全国代表大会上的报告》（2022年10月16日），人民出版社2022年版，第22—23页。

济发展实践和社会治理中。2015年4月，中宣部、中央文明办印发《培育和践行社会主义核心价值观行动方案》，分解出30多项重点任务。2017年4月，经党中央批准，中央精神文明建设指导委员会印发的《关于深化群众性精神文明创建活动的指导意见》，强调群众性精神文明创建活动是人民群众群策群力、共建共享、改造社会、建设美好生活的创举，是提升国民素质和社会文明程度的有效途径，是把社会主义精神文明建设的任务要求落实到城乡基层的重要载体和有力抓手；提出牢固树立物质文明和精神文明协调发展的战略方针；明确坚持用社会主义核心价值观引领群众性精神文明创建活动，推动群众性精神文明创建活动向纵深发展，提升全民科学教育文化素质和健康素质，营造精神文明建设的良好社会环境的工作任务；强调了加强党对群众性精神文明创建活动领导的各项要求等。2017年10月，党的十九大报告深刻阐述了社会主义核心价值观的丰富内涵和实践要求，对培育和践行社会主义核心价值观作出新的重大部署。2021年3月，"十四五"规划再次强调加强社会主义精神文明建设，培育和践行社会主义核心价值观。2024年7月，《中共中央关于进一步全面深化改革、推进中国式现代化的决定》指出，中国式现代化是物质文明和精神文明相协调的现代化，必须增强文化自信，发展社会主义先进文化，弘扬革命文化，传承中华优秀传统文化,加快适应信息技术迅猛发展新形势,培育形成规模宏大的优秀文化人才队伍,激发全民族文化创新创造活力。该决定为进一步全面深化改革、推进中国式现代化进程中加强精神文明建设指明了方向。

另外,党的十八大以来,印发《关于深化新时代学校思想政治理论课改革创新的若干意见》《新时代公民道德建设实施纲要》《新时代爱国主义教育实施纲要》等重要文件,建设新时代文明实践中心、县级融媒体中心和"学习强国"学习平台等。这些都是加强精神文明建设的重要举措,并在实践中发挥了重要作用。

总之,新时代以来,中国精神文明建设取得历史性成就,人民精神世界不断丰富,精神文化需求不断得到满足,全社会凝聚力、向心力极大提升,为全面推进中国式现代化、实现中华民族伟大复兴提供了坚强思想保证和强大精神力量。

新时代三明精神文明建设,就是在这样的历史背景下不断推进、发展的。

2. 持续营造精神文明建设的良好氛围

精神文明建设不是孤立的,需要一定的环境支持。三明全力推进"四个着力"、做实"四篇文章"、深化"五比五晒",为精神文明建设持续营造好的环境和氛围。

首先,做实"四篇文章"。一是发挥中央苏区优势,激励干部把红色基因转化为干事创业的实际行动;二是发挥老工业基地优势,努力调大、调优第二产业,大力发展第三产业,在农业产业化、林业产业化方面大胆探索,推进老工业基地转型;三是发挥绿色生态优势,打造"中国绿都·最氧三明"品牌,以生态产业化为抓手,大力发展全域森林康养产业,补强第三产业短板;四是发挥文明城市优势,提升"满意在三明"品牌,以二次创业精神来推动精神文明建设上新水平的要求,推动文明城市在新时代展现新风采。

其次,突出"四个着力",旨在着力机制活、着力产业优、着力百姓富和着力生态美。成立高质量发展落实赶超重点工作领导小组,全面落实"机制活、产业优、百姓富、生态美"的重要要求,加快推进新三明建设。

最后,深化"五比五晒"。开展"比增长点、晒质量,比拉动点、晒投资,比税收点、晒效益,比补短板、晒三产,比真招商、晒服务"活动,坚持政治统领,从严管党治党,营造良好政治生态,促进三明各项事业发展。

3. 传承红色基因,激发干事创业精气神

三明市高度重视红色文化的保护、传承和弘扬工

作，在福建省率先出台红色文化遗址保护政府规章——《三明市红色文化遗址管理办法》；组建"风展红旗如画"红色故事宣讲团巡回宣讲，推出原创情景音乐剧《风展红旗如画》，编印《红色三明故事汇编》等通俗读物，唱响"风展红旗 如画三明"品牌。宁化县革命纪念园等9个红色景区（点）入选全国"建党百年红色旅游百条精品线路"。2021年8月，国家文化公园建设工作领导小组印发《长征国家文化公园建设保护规划》，宁化县名列其中。该县共有17个项目列入《长征国家文化公园（福建段）建设保护规划》，总投资18.84亿元，截至2024年4月已完工并投入使用的项目有11个，完成投资13.23亿元。2021年1月，三明市被国务院列入革命老区高质量发展示范区。2022年3月国务院批复闽西革命老区高质量发展示范区建设，同年5月上海市与三明市建立对口合作关系。

2024年年初，三明市委、市政府印发《关于深化拓展"深学争优、敢为争先、实干争效"行动，推动"红色领航、生态领向、产业领跑、改革领先，促革命老区高质量发展"工作的实施方案》，擘画三明市高质量发展蓝图，提振广大干部群众干事创业的精气神，凝心聚力促发展。同年7月1日、2日，福建省领导同志赴三明市开展工作检查，并指导基层开展党纪学习教育，强调要深入贯彻落实习近平总书记对福建工作重要讲话重要指示批示精神，按照新福建宏伟蓝图和"四个更大"重要要求，扎实开展党纪学习教育，深化拓展"深学争优、敢为争先、实干争效"行动，传承红色基因、赓续红色血脉，弘扬优秀传统文化，因地制宜推进乡村振兴，大力推动老区苏区经济社会高质量发展。在三明这片红色沃土上，广大干部群众发奋有为，正在创造新的辉煌。

4. 深入拓展精神文明创建品牌

继续深化"满意在三明"活动。近年来，三明市出台了《三明市城市市容和环境卫生管理条例》《三明市公共文明行为促进条例》《建立健全文明创建工作长效机制的若干意见》《关于建立新时代"满意在三明"品牌创建工作机制的若干意见》《三明市餐厨垃圾管理办法》等规章制度，将"文明见行动满意在三明"活动与群众性精神文明创建活动相结合，持续推动精神文明创建改革攻坚、移风易俗、城市精细化管理等工作，精神文明建设再上新台阶，城市影响力不断扩大。

进一步完善"六联六建"制度。从20世纪80年代开始，三明市就探索"六联六建"，并取得了显著成效。新时代以来，三明市持续深化拓展"六联六建"机制，围绕民生所需、群众所盼，汇聚各方力量，绘就共建共治共享同心圆。在实践中，三明市进一步修订完善共建联创制度，明确了社区精神文明共建联创理事制度、议事制度、工作制度等五项制度，同时明确共建单位按照自愿的原则出资出力，每年支持社区一定的共建经费，让"六联六建"机制在新时代发挥更大作用。

努力打造"志愿之城"。截至2024年5月，三明市实名注册志愿者超37万名，志愿服务团体7000多个。例如，依托好人联谊会的志愿者和志愿服务队，万达志愿服务驿站除了提供日常志愿服务，还组织多项公益活动。盲人江华也是好人联谊会成员，曾获得第七届全国道德模范提名奖。在江华带着盲人志愿者们开展志愿活动时，也会有志愿者为他们服务。在三明市，每个人都可以是提供服务的志愿者，也可以是被服务的对象。近年来，三明市一直在努力打造"大爱三明""幸福三明"等新时代精神文明建设品牌，让城市文明更加熠熠生辉。

5. 持续深化移风易俗，助力文明新风尚

近年来，三明市先后制定实施了《三明市文明乡风建设专项工作方案》《三明市持续深化移风易俗推进乡村振兴文明实践提升工作方案》，大力实施乡风文明建设工程，通过开展环境整治和文明实践活动、创新乡村治理方式等，努力形成文明乡风、良好家风、淳朴民风，以县域文明支撑社会文明。

尤溪县梅仙镇半山村曾是远近闻名的"赌博村""垃圾村"。近年来，半山村通过宣传发动、项目联动、奖励联动方式，将创星活动与美丽庭院、乡村振兴等工作紧密结合，依托半山村新时代文明实践站，把创评结果与积分超市置换、评优评先等活动挂钩，全面激发大家在推进乡风文明、助力乡村振兴中的热情。如今，半山村村容村貌和群众精神面貌实现双提升，村民们实现了家门口就业，外出务工人员从2015年的860人减少到2024年的50余人，2023年村集体收入52.43万元，半山村蝶变为全国乡村治理示范村。

2023年，中共三明市委精神文明建设办公室会同组织、民政部门联合印发做好村规民约的通知，重点将彩礼标准、红白喜事办酒桌数等纳入约束性举措，开展村规民约修订完善工作。截至2024年6月底，全市1736个村已完成村规民约的修订完善。三明18个市级部门联合成立移风易俗工作领导小组，将文明婚丧嫁娶纳入公共文明行为促进条例，以法律条文推动形成规范，连续三年将高价彩礼整治工作纳入市对县精神文明建设绩效考评和乡村振兴重点任务，推动42个问题突出的乡镇开展集中整治，培育打造30个典型示范乡镇，以点带面全面铺开。大田县通过制定《党员干部带头移风易俗实施细则》，落实党员干部操办婚丧事宜报备制度。尤溪县作为朱子理学发源地，以朱熹劝谕"子女婚嫁费用要随家丰俭不铺张"为核心，制作《人需为儒》《爱廉说》系列短视频、"一镇一孝廉之三明尤溪朱熹"等微电影、微视频、动漫，在全网播放量10万余次。2023年以来，全市累计开展各类主题宣讲活动4000余场（次），涵盖群众近21万人次，营造了移风易俗的浓厚氛围。

6. 不断提升中华文化的凝聚力和影响力

闽台两地，地缘相近、人缘相亲、文化相同。自古以来，两岸同胞就保持着密切的交流与合作，共同创造了丰富多彩的非物质文化遗产。近年来，三明市通过举办开闽文化系列活动促进两岸民族文化互鉴与共同情感融合，在两岸之间搭建起了一座坚实的文化桥梁。2023年，三明市成功举办第十八届林博会、第二届海峡两岸（三明）乡村融合发展论坛、沙县小吃旅游文化节暨海峡两岸美食节、海峡两岸各民族欢度"三月三"活动、海峡两岸暨港澳台地区基础教育交流活动，沙县小吃文化城被确定为海峡两岸交流基地，三元区获评全省闽台乡建乡创合作样板县等。近年来，台湾武术界纷纷到大陆寻根认祖，并通过"世界（永春）白鹤拳大会"等武术交流活动切磋技艺，共叙情谊。2024年7月，三明学院海峡理工学院学子走进永春，实地感受两岸融合发展背景下闽南非遗文化的独特魅力。同年7月10日，海峡两岸万寿岩开闽文化交流会在三明市三元区岩前镇隆重开幕。108名两岸嘉宾齐聚一堂，共享这场文化盛宴。同年7月13日，"两岸一家亲 同族心连心"海峡两岸青水开闽文化交流联谊活动在永安市青水畲族乡举行。

目前，三明市正在努力建设海峡两岸乡村融合发展试验区，支持台湾乡建乡创团队参与美丽乡村建设，用好宁化客家祖地、尤溪朱熹诞生地等对台交流平台，办好林博会系列交流活动，促进两岸同胞心灵契合。另外，沙县小吃名闻遐迩，很多海外华侨都对这一具有代表性的中华传统美食文化充满热情。这些都体现了中华文化的凝聚力，也体现了三明精神文明建设的活力和影响力。

2024年是全国"五讲四美三热爱"活动工作会议在三明市召开40周年。我们相信，在习近平新时代中国特色社会主义思想伟大旗帜的指引下，三明市广大干部群众全面贯彻落实党的二十大和党的二十届二中、三中全会精神，深入学习贯彻习近平文化思想，统筹推动文明培育、文明实践、文明创建，一定会把精神文明建设成果转化为实现高质量发展、推进中国式现代化的强大动力，不断取得新的成就。

二　三明精神文明建设
新成果、新风尚

"精神文明建设"是三明市一张亮丽的名片。习近平同志在福建工作期间，多次对三明精神文明建设作出重要指示批示，强调"三明的精神文明建设是全国的典型，是一面旗帜"①。20世纪80年代，三明的精神文明建设实践和理论研究就走在了全国前列，一定程度上引领了全国精神文明建设的进程。1983年5月31日《人民日报》发表题为《振奋人心的启示》的评论员文章，指出："福建三明市在两三年内，由一个脏、乱、差出名的城市，正在转变成为一个'政治安定、经济繁荣、精神文明、环境优美、生活方便'的文明城市，实在振奋人心。"②党的十八大以来，以习近平同志为核心的党

---

① 中共三明市委办、三明市档案馆编：《习近平在三明资料汇编》，第118页。
② 中共福建省委宣传部宣传处：《精神文明 大放光明：三明市社会主义精神文明建设经验集》，福建人民出版社1983年版，第112页。

中央高度重视精神文明建设。2013年，习近平总书记在全国宣传思想工作会议上指出："只有物质文明和精神文明建设都搞好，国家物质力量和精神力量都增强，全国各族人民物质生活和精神生活都改善，中国特色社会主义事业才能顺利向前推进。"① 党的二十届三中全会报告再次强调"在文化体制改革方面，着眼于推进物质文明和精神文明相协调的现代化"②。习近平总书记关于精神文明建设的一系列重要讲话、批示、指示为新时代从理论上学习、理解、掌握精神文明建设，从实践上发展、推进和践行精神文明提供了根本遵循。

三明市贯彻落实习近平总书记关于精神文明建设的一系列重要论述和重要精神，形成了新时代三明市精神文明建设的新形态、取得了新时代精神文明建设的新成就、积累了新时代精神文明建设的新经验。2015年2月，习近平总书记在会见荣获第四届"全国文明城市"称号的与会代表时指出："新时期精神文明建设是从三明开始的。"③ 新时代总结三明市精神文明建设新成效、新举措，对全国在新的时代方位上加强精神文明建设、为中华民族伟大复兴凝心聚力具有重要的理论和现实

---

① 《习近平谈治国理政》第一卷，外文出版社2018年版，第153页。
② 《中共中央关于进一步全面深化改革、推进中国式现代化的决定》，《人民日报》2024年7月22日第1版。
③ 张旭东、赵超、涂洪长、林超、高敬：《三明答卷——习近平新时代中国特色社会主义思想福建三明践行记》，《人民日报》（海外版）2020年12月17日第3版。

意义。

精神文明是人在劳动实践中所创造的精神财富的总和。一定的生产力和生产关系、一定的物质基础和社会环境形成了一定阶段的精神文明。党的十八大以来，三明市精神文明建设既继承了历史上三明市精神文明建设的先进经验，又依据社会主要矛盾转化的现实、经济社会发展的实际和以中国式现代化全面推进中华民族伟大复兴的时代使命，创新性地形成了新时代三明市精神文明建设的新成果。

（一）在探源铸魂中形成三明精神文明建设的理论成果

理论是实践的先导，实践是理论的运用，没有科学的理论就没有成功的实践。党的十八大以来，三明市不断深化对新时代精神文明建设的理论探索、理论总结，形成了三明精神文明建设的理论样态。三明精神文明建设理论是历史的产物、实践的产物，也是时代的产物，对三明精神文明建设的理论渊源、物质基础、现实根基等基本理论开展研究是不断丰富三明精神文明建设理论的需要。党的十八大以来，三明市委、市政府不断加强三明精神文明建设的理论溯源、理论挖掘、理论宣传，丰富和发展了三明精神文明建设理论。

一是举旗定向，坚持用习近平新时代中国特色社会主义思想指导三明精神文明建设。时代孕育思想，思想指引航程。习近平新时代中国特色社会主义思想是当代中国马克思主义、21世纪马克思主义，是中华文化和中国精神的时代精华。党的十八大以来，三明市坚持以习近平新时代中国特色社会主义思想为指导，深入学习贯彻习近平文化思想，认真贯彻落实党中央决策部署和省委工作要求，聚焦用党的创新理论武装全党、教育人民这个首要政治任务，持续在深化新时代精神文明建设上下功夫，充分发挥理论工作举旗帜、聚民心、育新人、兴文化、展形象的使命任务，守正创新、担当作为，为谱写全面建设社会主义现代化国家福建篇章彰显三明担当、作出三明贡献，为以中国式现代化全面推进中华民族伟大复兴提供思想保证和精神力量。三明市委领导班子坚持带头学、示范学，创办"三明讲坛"，以研讨交流、专家授课、实地考察等方式，学深悟透习近平总书记来闽考察重要讲话精神、《习近平谈治国理政》《习近平在福建》《闽山闽水物华新——习近平福建足迹》等重点内容，层层扎实推动学习，促进学习质量全面提升。市委中心组结合学习贯彻习近平总书记重要讲话重要指示批示精神，组织开展党的二十届三中全会精神、《习近平在福建》等系列采访实录和《民法典》等专题学习研讨工作，引导习近平新时代中国特色社会主义思想在三明落地生根，为三明精神文明建设注入强大的思想根基。

二是理论探源、深入挖掘习近平同志关于三明精神文明建设的重要指示。三明系统梳理习近平同志在闽期间、来明考察重要讲话重要指示精神，深入挖掘讲话中对三明精神文明建设的重要指示精神，将其作为三明精神文明建设的根本遵循。三明把学习贯彻落实习近平同志对三明的重要指示同学习贯彻习近平新时代中国特色社会主义思想结合起来，同贯彻落实习近平文化思想结合起来，同三明精神文明建设结合起来，收集整理习近平同志在闽工作期间对三明精神文明建设的重要指示13条。为深入做好习近平同志对三明的指示精神的研究、阐释工作，三明市对接中国社会科学院马克思主义研究院、厦门大学马克思主义学院、福建师范大学等省内外研究机构、高校，围绕新时代传承弘扬"五四三"、基层治理、地方政府治理等主题开展理论研究、宣传阐释工作，形成一系列重要成果，其中《牢记习近平同志对三明精神文明建设的重要嘱托 奋力书写建设文明新高地的福建答卷》《牢记"青山绿水是无价之宝"重要嘱托 在建设人与自然和谐共生的现代化中彰显三明担当》等理论文章相继在《福建日报》《海峡通讯》等重要理论阵地刊发。

(二) 在"第二个结合"中形成三明精神文明建设的文化成果

"坚持把马克思主义基本原理同中国具体实际相结合、同中华优秀传统文化相结合"是我们党领导全国各族人民取得丰硕实践成果的理论总结，也是新时代中国共产党人观察时代、把握时代、引领时代的方法论。三明文化积淀深厚，特别是红色文化、客家文化、闽学（朱子）文化等地域文化特色鲜明，影响深远。三明以传承历史文脉、提升人民文化素养、增强文化软实力为目标，不断推进优秀传统文化的创造性转化和创新性发展，在推进"第二个结合"中形成了三明精神文明建设的文化形态。

一是打响"客家祖地"文化品牌，弘扬客家精神，为新时代三明精神文明建设注入新动能。客家文化是中华优秀传统文化的重要组成部分，蕴含着中华民族生生不息的美德智慧。三明深入挖掘"客家祖地"的精神基因，大力传承弘扬"硬颈毅行、崇文重教、尊祖睦族、爱国兴家"的客家精神，为新时代三明精神文明建设注入新要素、新基因、新动能。同时，挖掘传承客家廉政文化家训，将其融入新时代家风建设。习近平总书记在会见第一届全国文明家庭代表时，指出："家风是社会风气的重要组成部分。家庭不只是人们身体的住处，更是人们心灵的归宿。家风好，就能家道兴盛、和顺美满；家风差，难免殃及子孙、贻害社会，正所谓'积善之家，必有余庆；积不善之家，必有余殃'。"①

二是传承闽学（朱子）文化，挖掘优秀传统文化的时代价值，为新时代三明精神文明建设打造文化样态。闽学（朱子）文化集理学之大成，集儒学之大成，集中华传统文化之大成。三明以实施闽学（朱子）文化品牌建设为抓手，设立闽学（朱子）文化生态保护区，参与国家级朱子文化生态保护实验区创建，确保尤溪、明溪、将乐等地纳入《福建朱子文化生态保护区规划纲要》规划核心范围。挖掘闽学（朱子）文化资源，开展闽学（朱子）文化相关人物重要遗存遗迹的普查、保护、升级工作，支持朱熹诞辰祭典申报国家级非物质文化遗产项目，发掘培育一批闽学文化村，复建一批闽学书院、闽学名人故居和遗迹。建好尤溪闽学图书馆，依托闽学研究所、闽学研究中心等社科力量，加强闽学（朱子）文化的理论研究，系统收集整理闽学（朱子）主要人物原著、研究著述、传说故事、诗词歌赋、家训家谱、格言警句等资料，编辑出版"闽学故事""闽学家训"等系列闽学（朱子）文化读本。加大闽学（朱子）文化文艺精品创作力度，推出一批在全省乃至全国

---

① 《习近平关于社会主义精神文明建设论述摘编》，中央文献出版社2022年版，第278页。

有影响力的文艺精品。推动闽学（朱子）文化交流合作，发挥南溪书院等海峡两岸朱子文化交流平台作用，持续办好"朱子文化节""朱子之路研习营""朱子文化学术研讨会"等交流活动，打造朱子文化交流的重要基地。大力发展闽学（朱子）文化旅游，加快沙溪十里闽学文化长廊、明溪闽学文化研究基地等项目建设，启动朱子文化园三期（朱子祖殿）工程，完善朱子文化园配套设施，积极创建国家朱子文化主题公园。发挥朱熹、杨时、罗从彦等闽学（朱子）先贤文化遗存作用，推出闽学（朱子）文化旅游线路，积极融入全国首条"朱子之路"文化旅游路线，组织开展闽学（朱子）文化游学之旅、寻根之旅、书院之旅，打造闽学（朱子）文化传承、传播的多种样态。

三是传承赓续区域特色文化，形成优势互补的三明文化生态圈，为三明精神文明建设凝聚文化合力。三明深入挖掘闽江源文化、丹霞文化、小吃文化、擂茶文化、建莲文化、孝道文化等特色文化资源，传承发展富有地方特色的民间民俗文化，培育形成更具活力、优势互补的三明文化生态圈。三明深入研究闽江源文化与海洋文化的地域渊源，发挥闽江源起点优势，加大三明生态文化保护利用开发，在推进海洋文化建设中作出三明贡献。深入挖掘民间民俗文化蕴含的优秀传统文化内涵，发挥好民间民俗文化在道德教化、文化传承等方面的重要作用。坚持善加引导、导之有方，支持学术机构对民间信仰文化的研究阐释，作出符合当代文化发展要求的表达，推动民间信仰文化改革创新、兴利除弊、移风易俗。加强非物质文化遗产保护，建好非物质文化遗产和地方特色资源数据库，做好市级以上非物质文化遗产项目的数字化保护，保护传承宁化木活字、板凳龙、擂茶、西山纸、龙池砚等非物质文化遗产，推动更多项目列入国家级、省级非物质文化遗产名录。加强传统技艺传承发展基地，加快西山纸展示基地等场馆建设，加大扶持非物质文化遗产传承人，引导鼓励青少年学习民俗表演技艺。加强地方戏曲保护研究，深入开展地方戏曲普查，实施三明濒危剧种、曲种抢救工程和名老艺人"薪传计划"，积极挖掘恢复优秀传统剧目，保护传承泰宁梅林戏、永安大腔戏、沙县肩膀戏、尤溪小腔戏、将乐南词等特色戏曲。大力扶持黄慎、伊秉绶、边景昭书画艺术和朱熹、杨表正古琴音乐等传统文艺项目的研究与传承发展。注重区域特色文化宣传推介，持续举办泰宁丹霞文化旅游节、永安笋竹文化节、沙县小吃文化节等节庆活动，扩大三明特色文化品牌的影响力。

（三）在试行试改中完善三明精神文明建设的制度机制

习近平同志在论及福建农村市场发展状况时就指

出:"制度绩效是有生命周期的,这就决定了我们必须依据经济形势的变化而不断地进行制度创新。"① 制度是动态的、历史发展的过程,任何一种制度的制定、完善、发展和废止都体现了现实发展的需要。三明的精神文明建设在20世纪80年代、90年代形成了一系列的制度,充分释放了三明精神文明建设中的制度绩效,促进了三明精神文明建设的制度化。但是,由于制度建设的历史周期性和经济社会发展的时代变迁,原有精神文明建设的制度、文件、规章和规范已经不能适应新时代精神文明建设的现实需要。因此,党的十八大以来,三明在精神文明建设方面,掀起了一轮新的制度创新,在新时代的物质基础、社会基础和人的现实发展基础上制定了新的精神文明建设制度,以适应新时代精神文明建设的新需要。

一是建立"三明市市民文明积分制度"并在制度执行中不断对其进行充实、完善,将市民的文明行为具象化、数字化,让精神文明看得见、摸得到。"三明市市民文明积分制度"突出正向激励作用,将开展志愿服务等35项各类行为纳入积分管理,拓展停车乘车、体育健身、旅游住宿积分兑换项目54项,有力地调动市民参与文明创建的积极性、主动性。

---

① 习近平:《福建农村市场化发展探索》,福建教育出版社2002年版,第120页。

二是深化精神文明共建联创机制，修订《三明市社区精神文明共建联创制度》，进一步健全完善共建理事、议事、工作、财务和通报五项制度。推动《三明市帮扶和礼遇道德模范实施办法》及其相关配套政策措施的有效落实，完善道德模范帮扶礼遇制度，发挥制度规范、制度引领功能，构建三明公共道德体系。创新文化管理相关体制机制，建立优秀传统文化传承发展相关领域和部门合作共建机制，探索与龙岩等地建立共同保护传承红色文化、客家文化的区域协作机制，健全"一县一品"区域文化品牌推进机制。研究出台入学、住房保障等方面的倾斜政策和措施，用以倡导和鼓励自强不息、敬业乐群、扶正扬善、扶危济困、见义勇为、孝老爱亲等传统美德。

三是持续抓好"八不行为"规范。督促推动各责任单位以"项目工作法"推进《建立健全文明城市建设常态长效机制的若干意见》各项任务落地落实，健全落实联合监管、媒体曝光、通报约谈等制度机制，发挥好《三明市公共文明行为促进条例》的法治保障作用，促进形成和谐文明的社会风气。

四是创新投入机制，加大各级财政支持力度，统筹整合现有资金，落实支持优秀传统文化传承发展必需资金。积极争取中央和省级优秀传统文化扶持资金，加大对国家级、省级、市级非物质文化遗产等珍贵遗产资源保护利用设施建设的支持力度。探索市场化运营模式，落实鼓励企业、社会组织和个人捐赠文化和自然遗产保护事业的税收优惠政策，吸引更多的社会资本参与精神文明建设工作。

五是完善全民参与机制。建立"e三明"网上公共服务平台，通过手机移动终端搭建24小时参与文明创建载体，上线一年来注册用户突破110万，形成了"政府来主导、市民唱主角"创建局面。实施市民文明积分机制，将市民参与志愿服务、无偿献血等活动情况纳入积分内容，引导市民向上向善，累计纳入积分管理市民近119万人。依托新时代文明实践中心（所、站），部署开展新时代市民文明实践讲堂，建立"一季一主题、一月一活动、一周一示范"工作机制，常态化开展基层市民教育活动。

六是健全考评机制。将精神文明建设指标列入机关效能考核内容，逐年加大指标权重，每年对各级各部门进行绩效考核，真正实现"两手抓、两手都要硬"。建立完善文明城市创建"四级"督查机制，采取"定人、定时、定期、定量、定责、定方式"的"六定"工作法，对街道社区、主次干道、"五小行业"、集贸市场、服务窗口等公共场所进行常态督查，坚持问题导向，做到"靶向治疗"，对标落实。每年对市区8个街道（乡镇）开展创城季度测评，在《三明日报》公布成绩，由市领导约谈测评成绩末位的街道负责人,有效传导压力。

(四) 以人民为中心形成三明精神文明建设的价值形态

事物的价值形态表现为其价值的本质和内涵。三明精神文明建设的价值形态表现为三明人民在推进精神文明建设的进程中所建立起来的精神文明形态与个体、与社会、与国家之间的相互关系。

满足人民日益增长的精神文化需求是三明精神文明建设的价值追求。三明精神文明建设坚持以人民为中心,"把一切为了人民作为精神文明建设的立足点,把人民群众是否满意作为衡量三明精神文明建设成效的标准"[①],系统回答了新时代的精神文明建设为了谁、依靠谁、服务谁这一根本性问题。新时代的三明精神文明建设自觉站稳人民立场,强化宗旨意识,把为民理念贯穿于精神文明建设工作的全过程,广泛吸引社会各界参与群众性精神文明创建活动,依靠群众、服务群众、教育群众。习近平总书记指出,"抓精神文明建设要办实事、讲实效,紧紧围绕促进人民福祉来进行,坚决反对形式

---

① 高建进:《文明,一座城市30年的追梦之旅——福建省三明市精神文明创建活动纪实》,《光明日报》2014年9月13日第7版。

主义、官僚主义，努力满足人民群众不断增长的精神文化需求"①。三明从基层实践和人民群众中挖掘精神文明建设要素，激发人民主动精神，使精神文明建设拥有了更为广泛的群众基础，通过惠民生、暖民心的举措，积极打造群众乐于参与、普遍受惠的精神文明创建项目，引导广大群众自觉参加文明宣传、文明教育、志愿服务等精神文明实践活动，实现精神建设的全员参与。深入群众、深入基层，把富有地方特色、符合群众口味、实际效果明显的经验做法总结出来、推广开来。实践证明，精神文明建设要着眼群众需求，把"群众是否参与、是否认同、是否满意"作为检验精神文明建设工作成效的根本标准。

三明在精神文明创建活动中尊重群众首创精神，丰富人民精神文化生活。三明坚持以人民为中心，以高质量文化供给增强人民群众的文化获得感幸福感。健全公共文化服务体系，健全"半台戏"公共文化服务配送机制，常态化开展"周周有戏看"、群众广场文化、农村电影放映和全民阅读等文化惠民活动，三明市入选第二批国家公共文化服务体系示范区，三明市流动舞台车百场文化下乡活动被中宣部评为2022年全国文化科技卫生"三下乡"活动示范项目。坚持文以载道、弘道兴

---

① 《习近平关于社会主义精神文明建设论述摘编》，中央文献出版社2022年版，第6页。

文，融入文化产品创作生产传播全过程，推出纪录片《沪明往事》等一批具有三明特色的文化精品。着眼增强全媒体时代党和政府联系群众的桥梁纽带作用，加快推动媒体融合发展，在全省率先挂牌成立市级融媒体中心，打造的综合服务群众平台"e三明"客户端已接入322个部门29000多项便民服务，三明市入选全国市级融媒体中心试点城市，尤溪县融媒体中心被评为"2023年全国广播电视媒体融合先导单位"，等等。

（五）破除陈规陋习，精神文明建设为新农村树新风尚

农村精神文明建设是精神文明建设的重要组成部分。习近平总书记指出："农村精神文明建设很重要，物质变精神、精神变物质是辩证法的观点，实施乡村振兴战略要物质文明和精神文明一起抓，特别要注重提升农民精神风貌。"[①] 党的十八大以来，随着社会主要矛盾、农业主要矛盾的变化，农村农业发展也呈现新的态势，取得了主要成效。从产业发展的视角看，农村产业实现了从"生产发展"到"产业兴旺"的转变，农村生活环境实现了从"村容整洁"到"生态宜居"的转

---

① 习近平：《论"三农"工作》，中央文献出版社2022年版，第231页。

变，在治理方式上实现了从"管理民主"到"治理有效"的转变，在乡村生活上实现了从"生活宽裕"到"生活富裕"的转变。与农村发展相适应，农村精神文明建设也面临新情况、新挑战。为迎接新农村新发展的挑战，三明市农村精神文明建设在传承农村优秀传统文化、加强农村公共文化建设、移风易俗、改善农民精神风貌等方面取得了显著成效。

1. 破除陈规陋习，树立时代新风

风俗属于意识形态的范畴，是在长期的生产、生活中形成的社会风尚，是一种社会文化现象。社会风俗有先进的、健康的、科学的，也有落后的、保守的、愚昧的。移风易俗就是抵制和改造落后的、不适应经济社会发展的旧风尚，建设和发扬新风尚、新风俗，为乡村振兴注入新风气、好习惯。当前，在农村中最为突出的陈规陋习表现在三个方面：一是红白喜事大操大办，铺张奢侈；二是"人情风"盛行，人情债还不起；三是高价彩礼娶不起。习近平总书记就指出："现在，农村一些地方不良风气盛行，天价彩礼让人'娶不起'，名目繁多的人情礼金让人'还不起'。一些地方农村出现了'因婚致贫'现象，儿子结婚成家了，父母亲成为贫困户了。乡村是要有人情味，但不能背人情债，要在传统礼俗和陈规陋习之间划出一条线，告诉群众什么是提倡

的,什么是反对的。要旗帜鲜明反对天价彩礼,旗帜鲜明把反对铺张浪费、反对婚丧大操大办、抵制封建迷信作为农村精神文明建设的重要内容,推动移风易俗,树立文明乡风。要发挥红白理事会、村规民约的积极作用,约束村民攀比炫富、铺张浪费的行为,引导树立勤俭节约的文明新风。"① 三明针对精神文明建设出现的这些新情况、新问题,制定了一系列的规章制度,采取了一整套科学、有效的具体举措,在发扬农村淳美风俗的同时,抵制和改造陈规陋习。一是持续推进移风易俗,加强村规民约的修订工作,重点治理农村精神文明建设中存在的主要问题,将彩礼、红白喜事随礼、宴席桌数上限数额等约束性措施和奖惩机制纳入新的村规民约中,让村规民约成为新时代新农村道德建设的主要标尺。例如,大田县推出了"不送彩礼送保障"的婚嫁习俗,将几十万元的彩礼变为保险和保障;为鼓励新风尚在乡村落地生根、有效推进,县委书记为不要彩礼的新人亲自送祝福。又如,将乐县探索推出了"碳票当嫁妆"创新做法,为新时代农村移风易俗提供了创新方法、先进经验和可践行的方案。这一系列做法有效改变了农村天价彩礼、天价嫁妆的不良风气,树立了新农村的新风尚。二是对高价彩礼、人情攀比、厚葬薄养、铺

---

① 习近平:《论"三农"工作》,中央文献出版社2022年版,第254页。

张浪费等恶习、旧习进行专项治理。三明市为加强对陈俗旧习的联合治理工作，旗帜鲜明地加强对农村陈规陋习的规范性管理，印发了《三明市农村高价彩礼专项整治工作方案》，明确对陈规陋习的治理目标、治理安排、治理内容等，通过规范化、可持续化的管理方式加强新农村新风尚建设，为新农村建设树立时代新风。

"人情风"盛行是农村旧习俗，但随着经济社会的发展，人们收入水平不断提高，社会生活不断丰富，人情往来的范围不断扩展，请客送礼的规格不断提高，有些已经远远超出了普通民众的可承受范围。婚丧嫁娶、相亲说媒、砌房上梁、升学参军、乔迁新居、生日祝寿等无不礼尚往来，甚至有的地方连家畜繁衍、秋收麦收都要请客、送人情，这已成为农民的沉重包袱和负担。三明市将农民教育引导同新农村建设相结合，在实践中移风易俗，推进新农村建设。一是强化农民教育、提高农民移风易俗的思想自觉。移风易俗的主体是农民，实施者、获益者都是农民。三明在推进农村移风易俗中，重视发挥农民的主体性作用，加强对农民的宣传教育，培育农民的规范意识、法治意识，培育高素质农民。三明市将高素质农民培育作为为民办事的重要事项，加强对农民的文化培育、科技培训，培育了一大批懂技术、善经营、会管理的高素质农民，有效提升了农民的文化素养。农民对陈规陋习有了理性科学的认识，为移风易俗的有效开展奠定了良好基础。二是加强农村体育、文化和旅游事业发展，满足农民精神文化需要。闲暇的时间是用于提高自身的体育、文化素养，还是游走于各种宴会、宴请直接决定了精神文明建设的成效。三明市推行"农村+体育+文化+旅游"模式，引导全民参与健康的社会活动，将农耕与健身结合开展农耕健身大赛，将乡村文明与乡村体育相结合，开展乡村篮球赛、美丽乡村健康跑、花海跑、越野跑等一系列富有农趣农味、彰显新农村活力的活动，农村精神文明建设取得显著效果。农民参加体育活动的多了，黄赌毒的少了；参与文旅活动的多了，走村串户、请客送礼的少了。农村新风尚更加彰显，新农村新农民的形象更加积极和健康。

2. 赓续农耕文明，培育乡村先进文化

农耕文明是中华文明的重要组成部分。中国农耕文明体现了中华文明的先进特质和丰富内容，既包括天人合一的生态文明，也蕴含了耕读传家、父慈子孝的传统文明。习近平总书记指出："优秀乡村文化能够提振农村精气神，增强农民凝聚力，孕育社会好风尚。乡村振兴，既要塑形，也要铸魂，要形成文明乡风、良好家风、淳朴民风，焕发文明新气象。"[①] 三明市传承农耕文明，创新农耕文化，凝聚起乡村振兴的强大精神力量。

[①] 《习近平著作选读》第二卷，人民出版社2023年版，第92页。

一是用文明新风滋养乡村振兴。例如，泰宁县新桥乡岭下村以优良的革命传统为底蕴，开展以"孝德文化"为主的家风美德培育工作。村支部和党员除带头发展生产、增加农民收入、提高生活水平外，还大力宣传社会主义核心价值观及传统美德，常态化开展尊老爱幼、孝亲敬老、身边的好人好事等评选、表彰活动，传播新时代的新风尚、新道德；修缮红军夜校，建成家风家训堂，全力打造文明、和谐、安定的新农村社会氛围，群众的获得感、安全感、满意率逐年上升。二是积极推进农耕文明的现代化传承和创新性发展。将乡村振兴与生态保护、产业发展与传统农业以互动的方式结合，三明市绘就了一幅"产业兴旺、生态宜居、治理有效、生活富足"的乡村振兴美丽画卷。三明市的"中国稻种基地"做强种业"芯片"为乡村振兴赋能，让新农村新农民生活在希望的田野上。"绿水青山就是金山银山"，习近平生态文明思想为新时代经济发展和生态环境保护之间的关系提供了根本遵循。保护生态就是留住金山银山，破坏生态就是破坏可持续发展的金山银山。将乐县高唐镇常口村积极响应《深化集体林权制度改革方案》的要求，实行"林业碳票"制度，对林业生态产品价值的实现机制进行了有益探索，被称为中国"碳票"第一村，创建了绿色乡村建设的模板。三明擂茶久负盛名，是客家文化的重要遗存之一，新时代新农村的擂茶担负起了传承客家文化、促进海峡两岸文化交流的重任。擂茶文化实现了传统农耕文明在三明乡村振兴道路上的创造性转化和创新性发展，既是农村先进文化发展的新成就，也是宜居宜业的新农村建设的新成就。

（六）服务群众，新时代文明实践中心为幸福生活"加码"

新时代文明实践中心是联系群众、宣传群众、教育群众、服务群众的重要平台。习近平总书记主持召开中央全面深化改革委员会第三次会议时强调："建设新时代文明实践中心，是深入宣传习近平新时代中国特色社会主义思想的一个重要载体，要着眼于凝聚群众、引导群众，以文化人、成风化俗，调动各方力量，整合各种资源，创新方式方法，用中国特色社会主义文化、社会主义思想道德牢牢占领农村思想文化阵地，动员和激励广大农村群众积极投身社会主义现代化建设。"[①] 三明着眼于发挥新时代文明实践中心（所、站）在凝聚群众、引导群众、文明促进、成风化俗中的正向引导作用，建成 11 个新时代文明实践中心、141 个乡（镇、街道）实践所和 1945 个村（社区）实践站，构建

---

① 中共中央宣传部：《中国共产党宣传工作简史》下卷，人民出版社 2022 年版，第 751 页。

了"四级联动"的精神文明实践综合体,开展了数以万计的经常性新时代文明建设实践活动,为居民幸福生活持续"加码"。

新时代三明市依托文明实践中心建设为精神文明建设凝聚了团结的力量、奋进的力量,营造了为民办实事、办好事、办成事的良好氛围,提升了基层治理的能力和水平。

1. 文明实践中心建设与基层机制有机结合,解决居民急难愁盼问题

习近平总书记强调:"我们要实现好、维护好、发展好最广大人民根本利益,紧紧抓住人民最关心最直接最现实的利益问题,坚持尽力而为、量力而行,深入群众、深入基层,采取更多惠民生、暖民心举措,着力解决好人民群众急难愁盼问题,健全基本公共服务体系,提高公共服务水平,增强均衡性和可及性,扎实推进共同富裕。"[①] 三明市在全市探索实行了新时代精神文明实践特派员制度。文明实践特派员是解决居民急难愁盼问题的第一人,他们发现问题、督查问题、梳理问题、指导解决问题、发动居民共同解决问题,成了三明市流动的精神文明建设力量,成了三明市为群众解难题的联络

---

① 习近平:《高举中国特色社会主义伟大旗帜 为全面建设社会主义现代化国家而团结奋斗——在中国共产党第二十次全国代表大会上的报告》(2022年10月16日),人民出版社2022年版,第46页。

人、执行人和监督人，推动了三明精神文明建设的纵深发展。三明市针对群众反映突出的老旧社区"微"改造、畅通工程、园林绿地、农贸市场等急难愁盼问题，集中开展市容管理、社区治理、城市建管等十大攻坚行动，解决一批"路不平、灯不明、沟不通"等民生事业短板，仅2023年，实施城市品质提升项目962个，完成投资259亿元，加快推进124个老旧小区改造，新建和改造燃气管道311公里、市政污水管网108公里，等等。三明市从细微处着手、全面加强市容市貌改造，着力解决了群众的急难愁盼问题，人民群众的获得感、幸福感不断增强，人民对城市的满意度、认同度和幸福指数逐年攀升。

2. 扎实推进新时代文明实践中心建设，打造新时代文明实践共同体

精神文明是一个全局性、体系性工作，需要多部门联通协同才能形成合力。三明市精神文明建设在实践中不断引入新理念、使用新方法，精神文明创建活动取得了新成效。党的十八大以来，三明市在推进新时代文明实践中心建设工作中，坚持以人民为中心，突出共建共治共享理念，着力打造市域文明实践发展共同体。三明市立足试点县先行先试的经验做法，推行"试点带周边"帮包共建机制，建立"联席会议、学习交流、人才

培训"等共建制度,在县区就近帮包、指导提升周边县区主阵地建设等方面做了积极尝试。各级文明单位在"试点带周边"共建机制的落实中发挥了率先垂范的作用,采取"一对一""一对多""多对一"等方式,实施全国、省、市、县四级文明单位分别与中心(所、站)结对共建,推进优质资源、优秀项目、优势力量向文明实践集聚等,取得显著效果。例如,全国文明单位三明市烟草专卖局(公司)资助30万元,支持宁化县新时代文明实践中心升级改造;福建省级文明单位清流县税务局提供一楼办公场所800多平方米,建设清流县新时代文明实践中心;福建省级文明单位三明市委文明办筹资55万元,支持三元区、沙县区规范建设2个中心、6个实践所、7个实践站。另外,广泛发动社会组织参与,27个公益组织与实践中心(所、站)共建,有的提供办公场所、活动场地、联办活动,有的进驻实践中心(所、站)建立孵化基地。三明市属11个文艺家协会分别与11个县(市、区)实践中心结对共建,持续下沉文化文艺资源,开展"文化文艺下乡"文明实践活动170余场次,把"文化大餐"送到千家万户。

(七)打造宜居城市,塑造新时代文明城市建设新形象

城市承载着一个区域的历史,记录着一个地区的发

展，彰显着一个地区文明的程度。文明城市既是对城市自然风貌、地理环境的优化、改造和发展，也是对一个地区精神特质的挖掘和传承，集中表现为一个城市的自然地理环境、经济社会因素、居民生产生活等长期积淀而成的城市文化特质、生活品质和民众精神风貌等。

1. 以人民为中心推进文明城市建设，塑造了新时代文明城市的新形象

习近平同志指出："城市面貌变好了，变美了，不但优化投资环境，提高经济发展水平，也会提高群众生活质量和城市文明程度，促进社会主义和谐社会建设。"[①] 文明是新时代城市的底色，作为全国群众性精神文明创建活动的重要发祥地之一，三明市进一步传承"五讲四美三热爱"精神，组建"五讲四美"宣讲团，推动宣讲团走进全市新时代文明实践中心（所、站）、走到群众身边去，以讲政治、讲理论、讲政策、讲文明、讲故事为重点，全面准确生动地宣讲党的二十大精神和习近平新时代中国特色社会主义思想，打通理论进基层的"最后一公里"，让党的声音"飞入寻常百姓家"，让新时代的新理论浸润城市万家。同时，三明市持续深化爱国卫生运动，组织志愿者对主次干道、背街

[①] 习近平：《干在实处 走在前列——推进浙江新发展的思考与实践》，中共中央党校出版社2006年版，第494页。

小巷等区域进行卫生大扫除。

三明市以人民为中心努力打造宜居、宜业新城市。全心全意为人民服务是我们党的优良传统，也是我们始终保持强大战斗力的基础。"中国共产党除了工人阶级和最广大人民群众的利益，没有自己特殊的利益。中国共产党及其领导的国家是代表最广大人民根本利益的，其一切理论和路线方针政策，其一切工作部署和工作安排，都应该来自人民，都应该为人民利益而制定和实施。"[1] 新时代的精神文明建设要把实现好、维护好最广大人民群众的根本利益作为出发点和着力点，为群众办好事、办实事。三明市把为民惠民贯穿于精神文明建设全过程，一体推进文明创建与城市宜居宜业品质，每年将80%的财政支出投向了民生领域。此外，面对毕业生就业难、人民群众创业难的现实困境，三明市从人民群众利益出发，出台了一系列稳定生产、扩大就业的政策。

2. 全面实施城市网格化管理，提升城市文明程度

党的十八大以来，以习近平同志为核心的党中央高度重视城市治理的现代化建设，倡导开创人民城市建设新局面。习近平总书记强调："人民城市人民建、人民

---

[1] 习近平：《在庆祝中国人民政治协商会议成立65周年大会上的讲话》，人民出版社2014年版，第17页。

城市为人民。"① 城市建设水平与城市治理水平相辅相成，城市建设需要把让人民宜居安居放在首位。采取有效措施、实施可行方案推动城市治理水平、治理手段、治理模式、治理理念的创新是加快城市建设、提升城市文明程度的最有效措施。② 三明市创新城市治理理念、治理模式，加快智慧城市建设，率先构建起新时代文明城市建设的新模式。

一是网格化管理覆盖全城。"网格化管理是利用网格小单元进行处理，有利于预测并及时发现问题；网格化管理通过对组织资源的统一调配，协同管理，实现对资源利用的最大化。网格化管理呈开放状，可充分调动管理对象的参与性，从而弥补一对多管理模式的不足。"③ 新时代的城市治理应该"完善网格化管理、精细化服务、信息化支撑的基层治理平台，健全城乡社区治理体系，及时把矛盾纠纷化解在基层、化解在萌芽状态。加快推进市域社会治理现代化，提高市域社会治理能力"④。三明市将网格化管理引入新城市建设，成果显

---

① 习近平：《论把握新发展阶段、贯彻新发展理念、构建新发展格局》，中央文献出版社2021年版，第437页。
② 习近平：《论把握新发展阶段、贯彻新发展理念、构建新发展格局》，中央文献出版社2021年版，第437页。
③ 杨逍、林怡冰：《高校学生管理工作的行与思》，天津科学技术出版社、天津出版传媒集团2022年版，第71页。
④ 习近平：《高举中国特色社会主义伟大旗帜 为全面建设社会主义现代化国家而团结奋斗——在中国共产党第二十次全国代表大会上的报告》（2022年10月16日），人民出版社2022年版，第54页。

著。三明市以街道、社区和独立小区及街巷为单位,将中心城区划分为9个一级网格、39个二级网格、413个三级网格,涵盖市区所有的社区及街巷,纳入管理的部件、事件由11大类142小类增加到13大类217小类,实行"1+X"模式,市区共配备网格长64人、网格员510人,将城管队员、市政园林专业人员、环卫工人、街道工作人员、社区工作者、数字城管信息采集人员、公安、市场等人员统一纳入网格内。在网格化管理中,创新使用"步行网格看城管"方法,将采集上报、分析受理、分流交办、问题处理、核查结果、评价反馈六个环节形成一个环环相扣的闭环,确保网格事项及时发现、准确上报、有效分流、快速解决,提升了现代化城市的管理效能和精准度。二是加强网格管理制度化建设。三明市城管局负责制定《三明中心城区网格化管理方案》,建立市政基础设施(含道路、路灯、窨井盖、消防栓等)维护、卫生保洁、园林绿化养护等网格化管理机制,建立城市管理执法巡查网格化管理机制。三明市委政法委建立平安建设网格化管理机制。三明市公安局负责,建立交通秩序维护网格化管理机制。三明市生态环境局负责,建立环保巡查执法网格化管理机制。三明市河长办负责,建立市区沙溪河及支流日常巡查管护机制。各责任单位明确了各自网格化管理分区范围和各责任区责任人，并及时向社会公示，实现城市管理全方位、全覆盖、无死角。三是强化城市文明智能化管理。三明市在城市管理中引入"e三明""数字城管"等平台，发动广大市民群众，发现城市管理问题，让身边堵点痛点问题及时得到解决。大力开展"九联一体化，服务千万家"等为民利民服务活动，组织近40个部门将服务延伸到社区，及时为居民解决日常生活中的难题。推广"e三明"智能服务，各级有关部门加快推动各类服务项目进入"e三明"的服务板块。加快建设了审批数据支撑保障体系，实现了数据信息共享。打造了全天候"全程网办"，进一步完善网上办事大厅，推广利用移动应用程序（App）、微信等端口进行网上申报与查询，实现24小时全天候服务。积极引导推介群众使用"e三明"进行网上办事，尽快使网上办事成为办事主渠道，提高全程网上办理率。四是提升文明城市建设群众满意率。三明市通过"近邻e家"微信小程序、社区朋友圈等方式实现一个窗口、全面服务、一网统管、一键办理，切实有效地提升基层政府治理水平，进一步提高市民的满意度和幸福感。在2021年全国文明城市问卷调查摸底测评活动中，三明市民对"创建全国文明城市的满意度"达99.8%，"创建全国文明城市支持率"达98.7%，人民群众的获得感、幸福感不断增强。

（八）立德铸魂，新时代公民道德建设工程取得新成效

《中共中央关于进一步全面深化改革、推进中国式现代化的决定》指出："构建中华传统美德传承体系，健全社会公德、职业道德、家庭美德、个人品德建设体制机制，健全诚信建设长效机制，教育引导全社会自觉遵守法律、遵循公序良俗"[①]，文明的道德风尚是社会主义优越性的重要体现，也是现代化社会的重要特征。一个社会是否具有现代化，一个国家能否实现治理体系和治理能力现代化，很大程度上取决于全体社会成员的思想道德素质。无论是促进人的全面发展还是协调人与自然和谐共生，无论是促进社会公平正义还是维护社会和谐稳定，都必须切实加强精神文明建设，不断提高人民思想觉悟、道德水准、文明素养和全社会文明程度。只有这样，才能在全社会形成讲道德、尊道德、守道德的社会氛围，培育向上向善、孝老爱亲，忠于祖国、忠于人民的社会主义新风尚。三明市将公民道德建设常态化，2022年印发《三明市道德典范推选、帮扶、礼遇和管理实施办法（试行）》，常态化开展对道德模范、身

---

① 《中共中央关于进一步全面深化改革、推进中国式现代化的决定》，《人民日报》2024年7月22日第1版。

边好人等先进典型的帮扶、慰问工作，公民道德建设工程取得新成效。

1. 道德教育实践活动成果显著

一是开展主题实践活动。在全市各级文明单位（含文明村镇、文明校园、文明社区）开展"厉行节约·健康生活"文明餐桌主题行动和"共建文明城 满意在三明"主题活动，促进公民道德提升，弘扬正能量。二是强化先进典型选树。组织开展道德模范推荐评选表彰工作，杨善文入选第八届全国道德模范提名奖，汤顺荣、张银珠入选第七届福建省道德模范，授予邱菊珍等10位同志为第五届三明市道德模范，3人荣登"中国好人榜"、9人荣登"福建好人榜"。广泛宣传道德模范先进事迹，制作道德模范宣传短片、宣传海报等，如明溪县在城区商业大街明珠路规划建设集"好人形象、好人事迹、好人精神"三位一体的明溪好人展示一条街，让群众接受道德熏陶、感悟道德力量。举办"文明实践 德耀三明"——三明市道德模范和身边好人故事汇展演活动，以道德模范先进事迹为原型的情景剧、舞蹈、小品、现场访谈等活动，生动诠释了"道德之光"的深刻内涵。展演活动在"e三明""智慧三明"等网络平台同步直播，全网观看量达20余万人次。

2. 学校思想道德教育成效突出

一是创建文明校园。深入开展文明校园创建活动，全市学校文明校园创建参与率达100%。全市现有3所全国文明校园、5所全国文明校园先进校、96所学校申报参评省级文明校园、230所学校申报参评市级文明校园。有22个德育案例入选省级各类德育典型案例，4所学校获评福建省家庭教育特色学校（园）。二是提升育人内涵。扎实开展"扣好人生第一粒扣子"主题教育实践活动，结合三明实际，以班级为单位，创新开展一次党史教育主题班队会、举办一场党史教育讲座（宣讲）、观看一部党史专题片、组织走访一个红色教育基地、开展一次红歌（红色故事）展演活动、出一期党史教育专刊（黑板报）、举办一场党史知识竞赛等"七个一"活动，全市累计举办教育实践活动1280多场，参与学生32万余人次。举办庆祝建党百年"阳光下成长 高歌奋进新时代"文艺活动，活动历时8个月，共评出271个艺术表演类、830个艺术作品类、48个美育改革创新优秀案例、6个学生艺术工作坊，在校园兴起了学党史、知党情、感党恩、跟党走的热潮。三是培树育人典型。组织开展三明市2021年"新时代好少年"推选学习宣传活动，经基层推荐、专家评审，推选出10名市新时代好少年，1名学生入选省新时代好少年。六一前夕，结合全市"童心向党"专题活动对当选的10名新时代好少年进行表彰。

《三明日报》开设"向榜样学习 做时代新人"专题,刊登10名市新时代好少年先进事迹,三明文明网、文明三明微信公众号同步宣传。全市中小学校开展线上线下学习"新时代好少年"活动36万余人次。

3. 培育和践行社会主义核心价值观

三明市坚持马克思主义在意识形态领域的指导地位。党的十八大以来,三明市持续推动学习宣传贯彻习近平新时代中国特色社会主义思想走深走实。三明市主要采取了如下措施:加强宣传思想文化阵地建设和管理,全面落实意识形态工作责任制,加强党史、新中国史、改革开放史、社会主义发展史教育,推动理想信念教育常态化、制度化;推进社会主义核心价值观建设,建好用好管好各级各类爱国主义教育基地,把社会主义核心价值观融入国民教育、精神文明创建、文化产品创作生产等全过程;加强新时代公民道德建设,研究利用村规民约、祖训家规,深入推进移风易俗,普及科学知识,弘扬时代新风,培养市民创新、包容、公德等公共文化素养,全面提升市民文明素质。通过志愿活动推进精神文明建设是三明市长期以来积累的宝贵经验,新时代三明市继续推进弘扬时代新风行动和学雷锋志愿服务,完善诚信建设、志愿服务、青少年理想信念教育等长效机制。

三 三明精神文明建设的历史经验

三明是精神文明建设的重要实践样板,为系统总结精神文明建设经验、深入揭示精神文明建设规律、科学建构精神文明建设机制,提供了鲜活的实践案例。40多年来,三明精神文明建设活动积累了丰富且具有普遍意义的经验,这些经验不仅是精神文明建设规律与三明精神文明建设实际相结合的成果,还为总结中国实践、提炼中国理论奠定了重要基础。

(一) 始终坚持党的领导,发挥党的领导优势

精神文明建设是推进中国式现代化的强大力量。习近平总书记指出:"中国式现代化是物质文明和精神文明相协调的现代化。物质富足、精神富有是社会主义现

代化的根本要求。"① 习近平同志在福建工作期间高度重视精神文明建设，发表了一系列重要讲话，作出了一系列重要指示批示，引领福建省和三明市精神文明建设不断走向深入。三明始终遵循习近平同志对三明精神文明建设的重要嘱托，全力推动精神文明建设向更高层次、更高水平迈进，为奋力谱写中国式现代化福建篇章凝聚强大精神力量。三明在精神文明建设中取得显著成绩，这与其始终坚持党的领导和充分发挥党的领导优势密不可分。从坚持党的领导、发挥党的领导优势角度，结合三明精神文明建设具体实践，可以得到以下两方面经验。

一方面，强化理论武装，坚定理想信念。三明高度重视党的建设，始终坚持党的领导核心地位，充分发挥党委制度、党组制度、党管干部制度、归口领导制度等制度体制优势。在学习贯彻习近平新时代中国特色社会主义思想的过程中，三明强调理论学习的重要性，要求全市各级党组织和党员干部深入学习，切实增强"四个意识"，坚定"四个自信"，做到"两个维护"。通过深入学习党的理论，党员干部能够在思想上保持清醒认识，坚定理想信念，在行动上始终与党中央保持高度一致，从政治高度、思想高度、理论高度对精神文明建设的必要性、重要性、紧迫性等有了深刻认识，为强化理论武装、坚定理想信念奠定了重要的政治基础和思想

---

① 《习近平著作选读》第一卷，人民出版社2023年版，第19页。

基础。

为了确保理论学习的深入和全面，三明组织各级党组织开展了多种形式的学习活动。定期举办专题学习班，邀请专家学者进行授课，帮助党员干部深入理解习近平新时代中国特色社会主义思想。此外，通过组织研讨会和座谈会，党员干部可以在这些平台上进行深入交流，分享学习心得，进一步加深对党的理论的理解和认识。这些学习活动不仅有助于提升党员干部的理论素养，还增强了他们的政治意识和责任感。在实际工作中，通过理论中心组学习、专题讲座、宣讲报告等形式，把理论学习成果转化为实际行动指南。例如，在推进精神文明建设中，三明坚持从政治高度、思想高度、理论高度出发，深刻认识到精神文明建设的必要性、重要性和紧迫性。通过理论学习，党员干部能更加清晰地理解精神文明建设工作的意义和作用，从而在工作中更加坚定信心，积极推进各项创建活动。

为进一步强化理论武装，三明加大了对党员领导干部的培训力度。三明通过举办各类培训班，提高党员干部的理论水平和实践能力。例如，在党校开设专题课程，邀请专家、教授讲授党的理论和政策，提高党员干部的理论素养和政策水平。此外，三明还组织党员干部赴外地学习考察，借鉴先进地区的经验和做法，提升工作水平和能力。在精神文明建设中，注重发挥党员干部的模范带头作用。通过理论学习，党员干部在提升自身素质的同时还能带动身边的群众共同进步。例如，许多党员干部积极参与志愿服务活动，带头开展环境整治、扶贫帮困等工作，用实际行动践行党的宗旨，赢得了群众的信任和支持。

另一方面，坚持党的领导，形成工作合力。习近平总书记指出："对文化建设来说，守正才能不迷失自我、不迷失方向，创新才能把握时代、引领时代。"[①] 中国共产党是致力于铸就社会主义文化新辉煌的政党。广泛践行社会主义核心价值观，改进创新精神文明建设工作，是中国共产党人在宣传思想文化领域形成工作合力的重要内容。在精神文明建设工作中，坚持党的领导，充分发挥各级党组织的协调作用，调动各方面资源，形成党委统一领导、部门齐抓共管、社会广泛参与的工作格局。这一策略不但增强了工作的系统性和协调性，更推动了精神文明建设工作的深入开展和全面落实。

首先，建立联席会议制度，定期召开会议，研究解决精神文明建设中的重点和难点问题。联席会议由三明市委、市政府主要领导主持，各相关部门的负责人参加，共同讨论、协调和决策。这一机制确保了各部门之间的信息共享和资源整合，使得精神文明建设工作能够

---

① 习近平：《在文化传承发展座谈会上的讲话》（2023年6月2日），人民出版社2023年版，第11页。

高效有序地推进。通过联席会议，各部门能够及时了解工作进展，发现和解决存在的问题，确保工作不脱节、不走偏。其次，为进一步加强统筹协调，三明设立了精神文明建设办公室，专门负责全市的精神文明建设工作。该办公室不仅制订详细的工作计划，还组织实施具体的活动，确保精神文明建设工作有章可循，有序推进。精神文明建设办公室的设立，使得全市精神文明建设工作有了明确的领导和协调机构，避免了各部门之间推诿和扯皮现象的发生，提高了工作效率。此外，建立各部门的协作机制，各相关部门按照职责分工，共同推进精神文明建设工作。例如，宣传部门负责宣传报道和舆论引导，教育部门负责学校的文明礼仪教育，文体部门负责组织群众性文化活动，志愿服务部门负责动员和组织志愿者活动等。通过这种明确的职责分工，各部门能够在各自的领域内发挥优势和特长，形成合力，共同推动精神文明建设工作。

在具体实践中，通过一系列实际措施，确保各级党组织在精神文明建设工作中发挥核心作用。例如，三明要求各级党组织定期召开专题会议，学习和贯彻落实党中央关于精神文明建设的指示和要求，制定相应的工作计划和措施。各级党组织还通过举办培训班、讲座等形式，提升党员干部的理论水平和工作能力，使他们能够更好地指导和推进精神文明建设工作。为提高社会参与度，鼓励和动员社会各界广泛参与精神文明建设工作。通过组织各种形式的群众性活动，如文明城市创建评比、文明家庭评选、志愿服务活动等，调动广大群众的积极性和主动性，使精神文明建设工作深入人心。在文明城市创建评比中，三明通过广泛宣传和动员，使得各个社区、街道和居民都积极参与创建活动，共同为城市的文明建设贡献力量。同时，注重发挥企业、学校和社会团体等社会力量的作用。通过与企业合作，共同开展环境保护、公益捐助等活动，增强企业的社会责任感和公民意识；通过与学校合作，开展文明礼仪教育和志愿服务活动，提高学生的文明素质和社会责任感；通过与社会团体合作，组织各种形式的公益活动，扩大精神文明建设工作的社会影响力，全面深化改革，着力创新发展，把精神文明建设的方针政策和战略部署更好地落实在三明、发展在三明、实现在三明。

习近平总书记指出："一个民族要走在时代前列，就一刻不能没有理论思维，一刻不能没有思想指引。"[①]当前，世界之变、时代之变、历史之变正以前所未有的方式展开，世界范围内思想文化相互激荡，中国社会思想观念深刻变化，迫切需要用习近平新时代中国特色社会主义思想凝心铸魂，激励干部群众坚定信心、振奋精神，团结一心奋进新征程。要以主题教育为契机，充分

---

① 《习近平著作选读》第二卷，人民出版社2023年版，第418页。

发挥福建作为习近平新时代中国特色社会主义思想孕育地和实践地的独特优势，深挖理论实践富矿，深化理论研究阐释宣传，引导干部群众全面学习掌握习近平新时代中国特色社会主义思想的基本观点、科学体系，准确把握这一重要思想的世界观和方法论，将其转化为全方位推进高质量发展的强大力量。

（二）始终坚持人民至上，不断满足人民需要

精神文明建设具有鲜明的群众性特质。习近平总书记指出："我们要坚持马克思主义在意识形态领域指导地位的根本制度，坚持为人民服务、为社会主义服务，坚持百花齐放、百家争鸣，坚持创造性转化、创新性发展，以社会主义核心价值观为引领，发展社会主义先进文化，弘扬革命文化，传承中华优秀传统文化，满足人民日益增长的精神文化需求，巩固全党全国各族人民团结奋斗的共同思想基础，不断提升国家文化软实力和中华文化影响力。"[①] 精神文明建设必须围绕发动群众参与、增进人民福祉进行。在精神文明建设过程中增强人民获得感、幸福感，这与始终坚持人民

---

① 《习近平著作选读》第一卷，人民出版社2023年版，第35—36页。

至上和不断满足人民需要密不可分。从关注民生需求和创新工作方法的角度，结合三明具体实践，可以得到以下两方面经验。

一方面，关注民生需求，提高服务水平。习近平总书记指出："必须坚持在发展中保障和改善民生，鼓励共同奋斗创造美好生活，不断实现人民对美好生活的向往。"[①] 改革开放初期，三明坚持辩证思维，运用矛盾分析方法，正确处理物质文明与精神文明建设的关系，在经济实力不强的情况下，结合开展"五讲四美"文明礼貌活动，从解决群众反映最突出的"脏、乱、差"问题入手，抓出精神文明建设实效，为日后形成"三明经验"奠定了重要基础。实践证明，只有坚持以人民为中心，以辩证思维推动物质文明与精神文明协调发展，强化人民立场，把服务群众同教育引导群众结合起来，把文明创建的过程变成惠民利民的过程，不断满足人民群众对美好生活特别是精神文化生活的需要，才能取得实实在在的成效，做到精神文明建设为了人民、依靠人民、由人民共建共享。近年来，三明始终坚持把群众的需求和利益放在首位，通过多方面的努力，改善基础设施、提升公共服务、解决群众关心的实际问题，不断增强群众的获得感和幸福感。各级党组织深入基层，倾听群众心声，及时回应群众诉求，确保精神文明建设成果

[①]《习近平著作选读》第一卷，人民出版社2023年版，第38页。

惠及广大群众。

在改善基础设施方面，采取一系列措施来提升居民的生活环境和条件，为精神文明建设打下基础。同时，三明高度重视教育事业的发展，致力于提升教育质量和水平，为精神文明建设夯实根基。三明通过增加教育投入，改善学校基础设施，提升教师队伍素质，为学生提供更好的学习环境和条件。例如，在各中小学建设了现代化的教学楼、实验室和体育场馆，配备先进的教学设备，改善学生的学习条件。同时，通过举办各种培训班和讲座，提升教师的专业素质和教学水平，确保学生能够接受优质的教育，为精神文明建设开辟道路。在社会保障方面，采取多项措施来保障群众的基本生活。通过完善社会保障体系，提供多样化的社会福利，确保群众的基本生活得到保障。例如，三明为低收入家庭提供住房补贴、医疗救助和生活津贴，减轻他们的经济负担。还为老年人、残疾人等弱势群体提供特殊的关怀和帮助，确保他们的生活得到有效保障，为精神文明建设走深、走实提供保障。此外，积极推动社区建设，增强社区的凝聚力和向心力。通过开展丰富多彩的社区活动，增强居民的参与感和归属感。例如，在各社区组织了广场舞比赛、文艺演出、趣味运动会等活动，丰富了居民的文化生活，增强了社区的凝聚力和向心力。同时，通过设立社区志愿服务站，动员居民参与志愿服务活动，形成了社区的互助和友爱氛围。正如习近平总书记所言："人民是历史的创造者，也是时代的创造者。在人民的壮阔奋斗中，随处跃动着创造历史的火热篇章，汇聚起来就是一部人民的史诗。"① 通过上述措施，三明提升了群众的生活质量和幸福感，促进了社会的和谐稳定。未来，三明将继续坚持关注民生需求，不断提高服务水平，为建设更加美好和谐的社会贡献力量。

另一方面，创新工作方法，满足人民向往。习近平总书记指出："我们必须坚定历史自信、文化自信，坚持古为今用、推陈出新，把马克思主义思想精髓同中华优秀传统文化精华贯通起来、同人民群众日用而不觉的共同价值观念融通起来，不断赋予科学理论鲜明的中国特色，不断夯实马克思主义中国化时代化的历史基础和群众基础，让马克思主义在中国牢牢扎根。"② 回望过往历程，眺望前方征途，精神文明建设必须始终坚持以人民为中心、创新工作的方式方法。在精神文明建设工作中，三明始终强调工作模式、方法、路径的创新，注重运用群众喜闻乐见的形式和方法，开展丰富多彩的活动，全面提升精神文明建设的效果。这些措施不仅有助于调动群众的积极性和主动性，也使精神文明建设工作

---

① 《习近平谈治国理政》第四卷，外文出版社2022年版，第322页。
② 《习近平著作选读》第一卷，人民出版社2023年版，第15页。

深入人心，形成了良好的社会氛围。在实践的检验中，在岁月的洗礼中，新的发展理念日渐深入人心，逐步凝练成这座城市乃至这个国家的精神血脉，推动中国发展抵达崭新高度。

首先，通过多种文化宣传形式，积极开展精神文明建设活动。比如，在农村圩场等公共场所，经常可以看到展示精神文明建设的宣传展板，内容涵盖社会主义核心价值观、文明礼仪规范等多方面，利用农谣、山歌、快板、锣鼓词等文艺形式，向广大群众宣传文明道德规范。这些接地气的宣传方式，不仅易于被群众接受和理解，还能在潜移默化中提高群众的文明素养。其次，志愿服务成为三明精神文明建设的重要抓手。鼓励和组织党员干部、学生、社区居民等参与志愿服务活动，通过开展环境保护、社区服务、扶贫帮困等多种形式的志愿服务活动，增强了群众的社会责任感和奉献精神。例如，定期组织的"洁净家园"活动，动员社区居民共同参与清理环境卫生，既美化了生活环境，又增强了社区凝聚力。文明礼仪教育也是三明精神文明建设的重要内容。通过举办各种培训班、讲座和活动，向群众普及文明礼仪知识，提高他们的文明素质。例如，在学校开展的文明礼仪教育，帮助学生从小树立良好的文明行为规范；在社区中，举办家庭文明礼仪培训，增强居民的文明礼仪意识。通过这些教育活动，使文明礼仪成为群众日常生活中的行为规范。定期组织开展各类群众性文化活动，以增强群众的参与感和认同感。广场舞比赛、书法绘画展览、戏剧表演等活动，既丰富了群众的文化生活，又为精神文明建设提供了生动的载体。例如，每年的"广场舞大赛"吸引了众多社区舞蹈队参加，成为社区居民展示风采、交流技艺的重要平台；书法绘画展览则展示了群众的艺术才华，促进了文化交流与学习。为扩大精神文明建设工作的影响力，积极利用新媒体平台进行宣传。通过微信公众号、短视频平台等新媒体工具，将精神文明建设工作的内容和成果传播给更广泛的受众。例如，在微信公众号上发布各类精神文明建设相关的活动信息，吸引群众关注和公众参与；通过短视频平台，制作发布反映精神文明建设成果的视频，提升宣传的吸引力和感染力。这些新媒体平台不仅扩大了精神文明建设的影响力，还有助于提高群众的参与度和互动性。在创新工作方法方面，积极探索和推广先进经验。例如，通过建立文明城市创建示范点，总结推广先进经验和做法；组织各类培训班和学习交流活动，提升创建工作的水平和能力。这些措施不仅增强了精神文明建设工作的系统性和科学性，还为其他地区提供了有益的借鉴和参考。

（三）始终坚持实事求是，切实回应社会需求

坚持实事求是和问题导向是精神文明建设的重要思想方法。习近平总书记指出："实现中华民族伟大复兴，需要物质文明极大发展，也需要精神文明极大发展。"① 精神文明建设既是社会发展过程中面临的现实性问题，也是关于改革发展稳定的重要问题。在精神文明建设过程中立足社会现实、不断改进创新，与始终坚持实事求是和切实回应社会需求密不可分。从积极解决问题和扩大社会参与的角度，结合三明具体实践，可以得到以下两方面经验。

一方面，紧密结合现实，解决实际问题。习近平总书记深刻指出："今天我们所面临问题的复杂程度、解决问题的艰巨程度明显加大，给理论创新提出了全新要求。"② 在广泛调研的基础上，三明提出在发展社会主义市场经济的新形势下，精神文明建设应紧密围绕经济建设中心任务，以再度创业和振兴工业为目标，将精神文明建设的成果和优势转化为经济建设的成效，把精神力量转化为物质力量，推动两个文明建设的互促互进、协

---

① 《习近平关于社会主义文化建设论述摘编》，中央文献出版社2017年版，第14页。
② 《习近平著作选读》第一卷，人民出版社2023年版，第17页。

调发展。我们当前需要探索的,就是一条通过精神文明建设的优势来推动经济发展的新路径。在明确三明的精神文明建设应始终坚持从实际出发,着眼于群众需求,着力解决实际问题的原则后,从最初的治理"脏乱差"问题开始,通过推行"门前三包"制度,整治环境卫生,提高市民的生活质量。随着精神文明建设工作的深入,逐步解决了群众反映强烈的行路难、购物难、上厕难、住房难、娱乐难等实际问题,为精神文明建设打开了新思路。通过不断改善基础设施和公共服务,城市面貌焕然一新。例如,在精神文明建设初期,三明面临严重的环境问题。工业污染严重,垃圾随处可见,市内交通拥挤,市民住宅紧张。面对这些问题,三明从实际出发,制订了详细的环境整治计划,推行"门前三包"制度,即包卫生、包绿化、包秩序,调动市民积极参与环境治理。为了进一步提升城市的整体形象和市民的生活质量,三明在公共服务方面也进行了大量的投入和改进。例如,优化公交线路、增加公交车次,极大地方便了市民的出行。同时,在各个社区和公共场所增加公园绿地和休闲设施,为市民提供了更多的休闲娱乐空间,通过推进"文明窗口"建设,提升了公共服务的质量和效率,赢得了市民的广泛赞誉。三明始终坚持以民生为本,关注群众的实际需求。例如,在老旧小区改造中,三明广泛征求居民意见,根据居民的需求进行环境和设施的改造和提升，通过一系列实际措施，如改造小区道路、增设健身器材、改善排水系统等，显著提升了居民的居住质量和生活满意度。三明精神文明建设不仅注重解决当前的实际问题，还不断进行改进和创新，以适应不断变化的社会需求。例如，通过实施文明积分制，将市民的文明行为与积分奖励相结合，激励市民积极参与社会公益活动。还利用现代化的网络平台，建立了问题反馈机制，鼓励市民及时反映问题，推动问题的快速解决。习近平总书记指出："文物承载灿烂文明，传承历史文化，维系民族精神，是老祖宗留给我们的宝贵遗产，是加强社会主义精神文明建设的深厚滋养。保护文物功在当代、利在千秋。"[①] 为最大化发挥当地红色旅游的效益，三明市具体问题具体分析，从当地实际出发，积极推行政府主导的发展策略，将红色旅游的发展与生态旅游胜地的建设相结合，并融合工农业旅游和民俗文化，同时将红色旅游与三明市的精神文明建设成果结合起来。为此，当地新开发多条路线，介绍当代先进人物的事迹，还将世界级、国家级品牌旅游资源纳入红色之旅。史迹浩荡、底蕴深厚，敬畏历史、惠及于民的文物遗存保护事业，正在系紧情感的纽带、筑牢精神的大厦、积蓄前行的力量，为三明实现高质

[①] 《习近平关于社会主义精神文明建设论述摘编》，中央文献出版社2022年版，第220页。

量发展超越提供强有力的支撑。通过科学地将红色和绿色旅游资源进行组合，形成综合性、复合性的旅游产品，促进红色旅游的快速健康发展。总之，三明精神文明建设始终坚持紧密结合实际，从解决市民关心的具体问题、事关人民群众根本利益的实际问题入手，通过不断改善基础设施和提升公共服务水平，推进精神文明建设的可持续演进，显著提高群众的生活质量和幸福感。这一实事求是的工作方法，不仅为三明赢得了良好的社会声誉，也为全国其他地区的精神文明建设提供了宝贵的经验借鉴。

另一方面，坚持敢为人先，扩大社会参与。提高人民文明素养和社会文明程度，是精神文明建设的重要内容。精神文明建设之路也绝非静态或孤立的，而是始终处于内涵深化、外延拓展的动态演进过程中，面向良性互动的全过程贯通式机制不断延伸。三明始终落细落实社会主义核心价值观教育，深入实施公民道德建设工程，强化教育引导、实践养成、制度保障，注重发挥先进典型的示范引领作用，不断壮大见贤思齐、崇德向善的正能量，使明大德、守公德、严私德化为人们的行为自觉。坚持系统思维，统筹推动文明培育、文明实践、文明创建，推进城乡精神文明建设融合发展，培育文明乡风、良好家风、淳朴民风，打造一批富有时代气息、福建特色的精神文明建设品牌，强化以文化人、以文育人，全面提高社会文明程度。在精神文明建设过程中，始终坚持敢为人先，注重发挥群众的首创精神，并通过广泛吸引社会各界的参与，使得精神文明建设工作取得了显著成效，形成了深厚的群众基础。

首先，三明精神文明建设始终以尊重群众的首创精神为出发点，通过群众参与、服务群众、教育群众，促进精神文明建设深入基层，融入群众的日常生活。在市区，设立多个文化广场、休闲公园，定期举办文艺演出、体育比赛等活动，丰富了群众的文化生活。同时，通过志愿服务活动，动员广大市民参与到环境保护、社区服务等活动中来，形成了人人参与、人人受益的良好氛围。其次，建立广泛的参与机制有利于精神文明建设工作实际推进。为了确保精神文明建设的持续推进，三明建立了广泛的参与机制。通过区域共建、"六联六建"等方式，将思想工作、社会治安、公益事业、科学文化、环境建设、经济工作等联合起来，形成了以街道居委会为基础、主要企业和机关为骨干的共建联创模式。各片区成立共建协调会或理事会，由居委会和文明单位的领导干部组成，确保了工作的协调推进。最后，推广地方特色经验是精神文明建设的良好方法。三明注重总结和推广地方特色经验。三明坚持区域合作，与周边城市密切协作，主动融入红色旅游线路，与周边城市红色旅游区积极对接，开展跨区域旅游协作，同周边城市的红色资源形成密切而灵活的多层级联动。从结果上看，通过实施以红色资源为龙头的精神文明建设总体战略，三明带动了旅游业的发展。在辖区范围内，三明通过树立文明典型、举办评级活动，切实帮助群众解决各类信息获取问题，在得到广大群众认可的同时，更好地着力激发群众的积极性和创造性。

在精神文明建设过程中，三明在扩大社会参与方面不断进行创新和优化。例如，通过实施文明积分制，激励市民积极参与社会公益活动，推动稳重型精神文明建设走深走实。还利用新媒体平台，宣传精神文明建设工作，扩大社会影响力，提升群众的参与度和互动性。通过尊重群众首创精神和广泛吸引社会各界的参与，三明精神文明建设工作得到了深入开展，形成了深厚的群众基础，产生了广泛的社会影响。

（四）始终注重制度建设，接续完善体制机制

制度建设和体制机制建设是精神文明建设的重要保障，抓好制度建设、谋划和部署改革是中国共产党人治国理政的一条重要经验。习近平总书记指出，要有钉钉子精神，"落实落细改革主体责任，抓好制度建设这条主线，既要在原有制度基础上继续添砖加瓦，又要在现

有制度框架内搞好精装修，打通制度堵点、抓好制度执行，推动解决实际问题"①。三明在精神文明建设过程中注重发挥制度效能，夯实制度基础。从夯实制度保障和压实落实责任的角度，结合三明具体实践，可以得到以下两方面经验。

一方面，注重建章立制，夯实制度保障。"把制度建设和治理能力建设摆到更加突出的位置，继续深化各领域各方面体制机制改革，推动各方面制度更加成熟更加定型，推进国家治理体系和治理能力现代化"②，这是习近平总书记对广大党员干部的谆谆教诲和政治要求。在精神文明建设过程中，始终坚持制度建设，接续完善体制机制，通过科学合理的组织结构和制度安排，确保精神文明建设工作长期、稳定、有效地开展。在精神文明建设初期，三明就注重制度建设。成立三明市精神文明建设委员会标志着精神文明建设进入了全新阶段，这一机构肩负起推进精神文明建设的重要使命。为了解决精神文明建设中的实际问题，推行"六联六建"区域共建机制，形成区域共建模式，这种体制机制有利于有效整合现有资源，增强精神文明建设工作的系统性和科学性，在新的历史起点上更好地促进城市治理和精神文明

---

① 《习近平关于依规治党论述摘编》，中央文献出版社 2022 年版，第 135 页。

② 《十九大以来重要文献选编》（中），中央文献出版社 2021 年版，第 264 页。

建设的协调发展。

进入新时代，三明进一步完善了已有的体制机制，确保精神文明建设各项具体工作有章可循、有效落实。此外，精神文明共建单位按照自愿原则共筹共建经费，确保相关资金在精神文明建设过程中的持续投入。通过这些措施，三明不仅提升了社区治理水平，也增强了社区居民的归属感和幸福感。不仅如此，三明在推动精神文明建设过程中，还尤其注重基层制度建设。设立文明市民学校、文明市民业余学校等教育机构，使之成为当时加强群众思想道德建设的有效形式和重要载体，有助于开展系统的思想道德教育。这些教育机构的设立不仅提高了市民的文明素养，还提升了社会的整体文明水平。三明始终坚持精神文明建设不动摇，确保了工作的连续性和稳定性。通过不断的制度创新和机制完善，三明在保持精神文明建设的活力的同时不断提升工作的质量。三明始终坚持制度建设和接续完善体制机制，精神文明建设不仅取得了显著成效，也为全国其他地区提供了宝贵的经验。三明的经验表明，只有不断创新和完善体制机制，才能确保精神文明建设工作稳步推进，才能真正实现"让人民满意"的目标。

另一方面，强化督查考核，确保责任落实。习近平总书记指出："必须分层分类建立健全责任体系，推动各级党组织和广大党员、干部知责、担责、履责。"① 三明始终坚持强化督查考核，通过建立健全督查考核机制，对各级党组织和领导干部的工作进行严格考核和监督，确保各项任务的责任落实。总的来看，具体包含以下六点内容：一是健全督查考核机制。三明建立了系统的督查考核机制，定期组织检查组深入各社区、单位进行实地考察，了解精神文明建设工作的进展情况，及时发现问题并进行整改。此类实地考察不仅提高了工作的透明度，也确保每一项工作任务都能落到实处。二是确立严格的责任考核制度。在责任考核方面，三明对各级党组织和领导干部实行严格的考核制度。通过明确责任分工，各级领导干部在精神文明建设工作中承担起各自的责任，并接受市政府的考核和监督。对于在工作中表现突出的单位和个人，市政府给予表彰和奖励，以激励先进；对于工作不力的单位和个人，则进行严肃问责，以确保各项任务的顺利推进。三是形成多层次的监督机制。三明不仅通过政府部门的检查组进行监督，还建立了多层次的监督机制，鼓励社会各界参与监督。例如，通过设立监督热线、意见箱等方式，广泛收集群众的意见和建议，及时回应群众的诉求。此外，还通过媒体公开精神文明建设工作的进展情况，接受社会各界的监

---

① 《贯彻落实新时代党的建设总要求 进一步健全全面从严治党体系》，《人民日报》2024年6月29日第1版。

督，确保工作的透明和公正。四是表彰与问责并举。在精神文明建设的过程中，对于工作成绩突出的单位和个人，通过颁发荣誉称号、给予物质奖励等方式进行表彰，以激励更多的人参与到精神文明建设中来。与此同时，对于在工作中不负责任、行动迟缓的单位和个人，则通过通报批评、问责等方式进行处理，确保每一项工作都能高效推进。五是建立成效显著的督查考核机制。三明的督查考核机制在精神文明建设中取得了显著成效。通过严格的考核和监督，能够及时发现并解决工作中的问题，通过定期的督查和考核，及时整改，使得城市整体精神面貌焕然一新。六是不断改进和完善督查考核机制。根据实际工作需要，适时调整督查考核的重点和内容，确保督查考核机制始终与精神文明建设的实际需求相适应。通过这种灵活的调整和强化督查考核，三明精神文明建设始终保持着旺盛的生命力和强大的推动力，确保精神文明建设的责任落实，有效推动各项工作的顺利开展。严格的督查考核机制不仅提升了工作效率，也增强了领导干部和广大群众参与精神文明建设的积极性和主动性。

（五）始终坚持守正创新，有效激发创造活力

要不失时机推动改革，善于用改革的办法解决发展

中的问题。牢记习近平总书记的嘱托，三明通过全面深化改革、坚持守正创新，走出了一条治理有序、文化昌盛、山清水秀、人民幸福的发展之路。三明在精神文明建设过程中以创新思维、创新观念实现了精神文明建设新的发展。从打造特色品牌和激发创造活力的角度，结合三明具体实践，可以得到以下两方面经验。

一方面，打造特色品牌，进行创新实践。基于实践的精神文明建设，是一个不断发展的过程，需要与时俱进、守正创新。习近平总书记指出："只有站在时代前沿，引领风气之先，精神文明建设才能发挥更大威力。"① 全国学三明，三明怎么办？只有坚持创新思维，才能强化先行先试；唯有直面问题，方能令改革创新在各个领域推进。三明秉承创新思维，不断寻找新出路，创造新经验。唯改革才有出路，改革要常讲常新。三明始终坚持守正创新，通过不断探索和实践，激发了全市的创造活力，取得显著成效。自启动"满意在三明"系列活动以来，精神文明建设活动内涵不断丰富，活动外延不断拓展，已经成为一个涵盖经济社会各个层面的精神文明建设品牌。通过持续的创新和优化，"满意在三明"已成为全国精神文明建设的典范。政府服务窗口推广"微笑服务"，社区实行"门前三包"制度，公共场所增加便民设施……以上举措不仅使公共服务质量得以

---

① 《习近平谈治国理政》第二卷，外文出版社2017年版，第324页。

提升，也改善了市民的生活环境，为夯实精神文明建设的外在基础深化创新实践。在此过程中多层次的服务体系既覆盖城市管理的各个方面，又令精神文明建设工作保持了旺盛的生命力和强大的推动力。

从结果上看，三明城市的环境得到极大改善，公共服务质量显著提高，市民的满意度和幸福感不断增强。由是观之，三明不仅树立了全国典范，还为其他城市提供了宝贵的经验和借鉴。今天的三明已经成为一个物质文明和精神文明相互协调、经济建设和文化建设相互促进的城市。以创新实践打造特色品牌，以特色品牌赋能创新实践，不仅是显著提升市民生活质量和幸福感的必由之路，也为全国其他地区的精神文明建设提供了宝贵的经验启示。

另一方面，优化创新载体，激发创造活力。习近平总书记指出："中华民族创造了源远流长的中华文化，中华民族也一定能够创造出中华文化新的辉煌。独特的文化传统，独特的历史命运，独特的基本国情，注定了我们必然要走适合自己特点的发展道路。"[①] 精神文明建设在不同的社会、经济历史条件下具有不同的内容、不同的要求。每一个时代都要求有与这个时代相适应的独特精神文明。三明通过优化和创新载体，激发全市的创

---

① 《习近平著作选读》第一卷，人民出版社2023年版，第150页。

造活力，在向改革创新要动力方面取得了显著成效。在这一过程中，三明不仅注重机制和制度的建立，还不断探索新的活动形式和载体，增强各方面主体的参与感和主动性。

首先，创新活动载体，丰富精神文明内涵。三明推出多种形式的精神文明载体，它们不仅使精神文明建设工作更加具体和生动，也为市民提供了多样化的精神文明建设参与途径，有效提升了市民的文明素质和社会责任感。其次，善于以多层次、多维度的宣传教育激发创造活力。推动文化传承发展，是精神文明建设持续健康发展的精神动力。三明注重多层次、多维度的精神文明建设宣传工作，在社区、学校等地设立宣传栏和宣传站，开展文明知识讲座和宣传活动，利用各种媒体平台广泛宣传精神文明建设的内容和成果，以此优化创新载体，形成全方位、立体化的宣传教育网络，增强各主体对精神文明建设的认同感和参与感，探索建立文明实践特派员制度，打通文明创建"最后一米"，把"文明"送到千家万户。三明注重提炼新经验，总结新做法，推而广之。三明在社区治理中，推行"一党委三中心（站）"等基层治理机制，上线运行"志愿三明"等信息平台，成立文明观察团，创新社区治理模式，形成共建共享、互联互动的文明实践综合体，推行三级贯通的

"点、派、接、评"志愿服务运行机制，共接单、组织活动千余场，提高了群众的参与度。通过这些措施，三明不仅提升了社区治理水平，也增强了居民的归属感和参与感，极大地增强了市民的"中心意识""服务意识"，激发了各方参与精神文明建设的创造活力，最终使得全市形成团结、和谐、文明、稳定的发展大环境。

（六）始终坚持系统观念，注重整体协同发展

系统观念是马克思主义认识论和方法论的重要范畴，是中国共产党人重要的思想和工作方法。习近平总书记指出："系统观念是具有基础性的思想和工作方法。"① 三明始终坚持全域建设、全面建设系统观念，注重整体协同发展。这一系统化的工作方法不仅提升了精神文明建设的综合水平，也为其他地区提供了宝贵的经验和借鉴。就此而论，结合三明具体实践，可以得到以下两方面经验。

一方面，坚持统筹规划，持续推进工作。对于城市治理工作，习近平总书记曾提出"要统筹规划、建设、管理和生产、生活、生态等各方面，发挥好政府、社

---

① 《十九大以来重要文献选编》（中），中央文献出版社2021年版，第785页。

会、市民等各方力量"① 的要求。三明坚定不移贯彻习近平总书记重要讲话精神和工作部署要求，坚持系统思维，强化协调发展。精神文明建设是一项系统工程，不仅限于精神文化领域，还涉及经济、政治、社会、生态等各个领域，需要以系统思维加强顶层设计，增强建设的系统性、整体性和协同性。自20世纪80年代起，三明在大力加强经济建设的同时，便注重加强思想道德建设和科学文化教育，促进人和社会协调发展；统筹城乡精神文明建设，以城市带动乡村，激活乡村优秀文化基因，推动闽学文化、客家文化、革命文化有机融入中国特色社会主义文化建设，不断激发精神文明建设新活力。改革是一场革命，势必要触及利益调整和体制破立。三明始终坚持统筹规划，确保各项工作能够持续推进。三明制定了详细的精神文明建设规划，将长期目标和短期目标相结合，分阶段实施。三明认识到，只有科学的规划才能确保精神文明建设工作的长效推进，三明的精神文明建设规划涵盖城市基础设施建设、公共服务提升、生态环境保护、社会治理等各个方面；在城市总体规划中，明确精神文明建设的目标和任务，为精神文明建设工作提供了明确的方向和具体的行动指南。在长期目标与短期目标相结合方面，三明将长期目标分解为

---

① 《习近平关于城市工作论述摘编》，中央文献出版社2023年版，第157页。

若干短期目标，确保每个阶段都有明确的工作重点和具体的实施计划，使得精神文明建设工作既有远景规划，又有阶段性成果，确保了工作的连续性和稳定性。三明将精神文明建设纳入其中，确保其与城市发展的其他方面相互促进、同步推进。在系统推进各项工作方面，三明能够确保精神文明建设与城市发展同步进行，注重各部门之间的协调与配合，形成合力，确保各项服务措施落到实处。通过系统推进各项工作，三明在精神文明建设方面取得了显著成效。在动态调整和优化规划方面，三明根据城市发展和精神文明建设的实际情况，不断调整和优化规划，确保工作始终符合城市发展的需要，并根据市民的反馈和实际效果，对一些工作措施进行调整和改进，确保工作更加精准和有效。同时，通过开展评估和总结，不断完善工作机制，提升整体工作水平，令精神文明建设工作始终充满活力。

另一方面，坚持整体协同，推动全面进步。当前，中国的发展已进入全面建设社会主义现代化国家、向第二个百年奋斗目标进军的阶段，即新发展阶段。对此，习近平总书记指出："对这个新发展阶段，我们要从历史和现实、理论和实践的角度全面加以把握。"[①] 在新发展阶段背景下，三明精神文明建设不仅注重局部的改进，更强调整体的协同发展，在推动精神文明建设时，

---

① 《习近平著作选读》第二卷，人民出版社2023年版，第364页。

将其与经济发展、社会治理、生态环境保护等工作有机结合。一是在经济发展与精神文明建设相结合方面，三明充分考虑精神文明建设的要求，推动绿色经济和可持续发展。例如，三明在制定经济政策时，强调经济效益与社会效益的统一，鼓励企业在追求经济利益的同时，积极履行社会责任，参与精神文明建设。二是在社会治理与精神文明建设相结合方面，三明注重法治和德治相结合，提升社会的整体治理水平，通过加强法治建设，完善社会治理体系，确保社会的稳定与和谐，增强市民的法治意识和社会责任感，促进社会的和谐发展。三是在生态环境保护与精神文明建设相结合方面，三明倡导绿色生活方式，增强市民的环保意识，通过制定和实施一系列环保政策，推动生态文明建设。四是在文明城市创建与各项事业相结合方面，三明将精神文明建设与各项事业紧密结合，推动全面进步，注重提升公共服务质量和管理水平，提高市民的满意度和幸福感，激励市民积极参与精神文明建设，形成良好的社会风尚。

（七）始终坚持团结奋斗，广泛凝聚社会共识

习近平总书记指出："没有人民支持和参与，任何改革都不可能取得成功。无论遇到任何困难和挑战，只

要有人民支持和参与，就没有克服不了的困难，就没有越不过的坎。我们要贯彻党的群众路线，与人民心心相印、与人民同甘共苦、与人民团结奋斗。"① 三明坚定贯彻习近平总书记重要讲话精神，始终坚持团结奋斗，广泛凝聚社会共识。这一原则不仅凝聚了不同领域的主体，也巩固了统一战线，勾画了精神文明建设的最大同心圆。从此角度，结合三明具体实践，可以得到以下两方面经验。

一方面，坚持团结奋斗，共同应对挑战。团结才能胜利，奋斗才会成功。不仅一个国家的建设是如此，一个城市的发展也是如此。能团结奋斗的民族才有光明前途，能团结奋斗的政党才能立于不败之地，能团结奋斗的城市才具有发展前景。从精神文明建设的角度来看，团结和奋斗同样是不可或缺的要素。精神文明不仅仅是物质财富的积累，更是社会价值观、道德标准和文化素养的体现。只有在全社会共同努力、团结一致的情况下，才能形成良好的社会风气，促进和谐社会的构建。习近平总书记在十九届中央政治局第三十九次集体学习时的讲话中提出"营造传承中华文明的浓厚社会氛围"②的要求。团结和奋斗是精神文明建设的基石。只有在团结一致、共同奋斗的前提下，我们才能实现社会的和谐

---

① 《习近平著作选读》第一卷，人民出版社2023年版，第186页。
② 习近平：《加强文化遗产保护传承 弘扬中华优秀传统文化》，《求是》2024年第8期。

与进步，推动城市乃至整个国家的全面发展。基于此，三明注重团结各方力量，积极调动各方面、各领域、各环节一切可以调动的精神文明建设积极因素，广泛动员社会各界共同参与精神文明建设。具体来说，通过建立和完善各种协作机制，将党政机关、企业、社会团体和广大市民凝聚在一起，共同推动精神文明建设：市政府与企业合作，开展"文明单位"评选活动，激励企业在生产经营中践行社会责任，参与公益事业和社区建设；企业通过改善生产环境、提升员工素质和参与社会公益活动，不仅提升了自身的社会形象，也为城市的文明建设作出贡献；推动"文明社区"创建，动员居民共同维护社区环境和公共秩序；注重挖掘和宣传先进典型，通过评选表彰道德模范、文明家庭、最美人物等，树立身边的榜样，激励广大群众向先进学习、积极参与精神文明建设。以上举措在精神文明建设中发挥了重要作用，在社会中树立了良好的道德标杆。通过坚持团结奋斗，共同应对挑战，三明带动了更多群众参与精神文明建设，提升市民文明素养，培育良好社会风气。在此基础上，三明通过广泛凝聚社会共识，增强了社会的凝聚力和向心力，不断深化和扩展精神文明建设工作内容，推动了社会的全面进步。

另一方面，巩固统一战线，凝聚社会共识。习近平总书记深刻指出："统一战线是党克敌制胜、执政兴国的重要法宝，是团结海内外全体中华儿女实现中华民族伟大复兴的重要法宝，必须长期坚持。"① 三明始终坚持巩固统一战线，广泛凝聚社会共识，秉持大团结大联合原则，正确处理一致性和多样性的关系，严格贯彻执行《中国共产党统一战线工作条例》《中国共产党政治协商工作条例》，注重将各个社会阶层人士组织起来，在精神文明建设方面对其持续加强思想政治引导，力求发挥其作用，着力将精神文明建设工作和统战工作在新的历史起点上相结合，使二者的科学化、规范化、制度化水平在实践层面得以提升，最终力求在精神文明建设方面找到最大公约数、画出最大同心圆。这一策略不仅推动了精神文明建设的深入开展，也为全市社会和谐与经济发展提供了强大的精神动力。在巩固党群关系、增强政治认同方面，三明通过各种方式增强群众对党的政治认同，积极宣传党的政策和精神文明建设的重要意义，增强群众的思想认同和情感认同，向群众传达党的最新政策和精神文明建设的成果，提升了群众对党的信任和支持。在团结各界力量、形成强大合力方面，三明通过建立和完善各种协作机制，将党政机关、企业、社会团体和广大市民凝聚在一起，把握做好统战工作的规律，着力在精神文明建设领域构建党委统一领导、统战部门牵头协调、有关方面各负其责的大统战工作格局，完整、

---

① 《习近平著作选读》第二卷，人民出版社2023年版，第608页。

准确、全面贯彻落实习近平总书记关于做好新时代党的统一战线工作的重要思想，以强大决心和毅力解决精神文明建设过程中的人心和力量问题，积极引导党外人士参与精神文明建设，以统一战线赋能群众精神文明建设工作，共同推动精神文明建设，增强市民的社会责任感和参与意识，推动精神文明建设向纵深发展。

（八）始终坚持主体自觉，不断增强历史主动

习近平总书记强调："要充分激发全体人民的历史主动精神。人民，只有人民，才是创造世界历史的动力。"[①] 中国共产党人的历史责任，就是要以自身的使命担当和主体自觉，团结带领全党全国各族人民，以新时代新征程上的强大历史主动精神和历史实践智慧，与人民同甘共苦，创造中国特色社会主义更加光辉的业绩。三明始终坚持理论自觉，不断增强历史主动。这一原则不仅推动了精神文明建设的深入开展，也为全市的社会和谐与经济发展提供了强大的精神动力。结合三明具体实践，可以得到以下两方面经验。

一方面，树立主体自觉，助力精神文明建设。习近

[①] 习近平：《在纪念毛泽东同志诞辰130周年座谈会上的讲话》（2023年12月26日），人民出版社2023年版，第15页。

平总书记指出："只有站在时代前沿，引领风气之先，精神文明建设才能发挥更大威力。"① 不惧艰难险阻、无畏风险挑战，是树立主体自觉，推进精神文明建设的科学方法论。三明的生动实践证明，只有紧跟时代步伐、回应时代所需，坚持大胆尝试、大胆改革，以思想自觉作为精神文明建设的根基，将行动自觉作为精神文明建设的归宿，才能把科学的思想、理性的方法、实践的要求相互融合，贯穿精神文明建设工作的始终，以适应日新月异的时代发展和现实变化。三明高度重视精神文明建设，将其作为提升城市综合竞争力的重要抓手，通过广泛宣传和教育，增强市民对精神文明建设的认知和认同，推动形成主体自觉。一是广泛宣传教育，提升认知认同。三明通过各种宣传手段，积极传播精神文明建设的理念和实践。在各类公共场所张贴宣传标语，通过电视、广播、报纸等媒体宣传社会主义核心价值观，鼓励市民从自身做起，践行文明行为，树立文明形象。这些举措不仅提升了市民的文明素养，也为城市整体文明氛围的形成奠定了基础。二是将精神文明建设融入日常生活。三明在精神文明建设过程中，注重将精神文明建设与市民的日常生活相结合，使文明行为成为市民的自觉行动。近年来，三明扎实推进公民思想道德建设，通过制定和

---

① 《习近平谈治国理政》第二卷，外文出版社2017年版，第324页。

推广文明公约，引导市民在日常生活中践行文明行为，好人好事蔚然成风。三是积极应对挑战，提升城市文明水平。三明注重推动精神文明建设的制度化，通过制定和实施一系列规章制度，巩固和提升精神文明建设成果。三明制定了《三明市文明行为促进条例》，对市民的文明行为进行规范和引导；建立文明行为记录制度，对表现突出的市民给予表彰和奖励，对不文明行为进行劝导和教育。通过制度建设，确保精神文明建设有章可循，有据可依，推动精神文明建设持续深入。还通过定期评估和总结，不断完善工作机制，提升整体工作水平。四是坚持动态调整，实现持续改进。在精神文明建设的过程中，三明根据实际情况不断进行动态调整和改进。通过开展广泛的民意调查和意见征集，及时了解市民的需求和建议，并根据反馈调整工作重点和方法，开展试点项目，总结经验教训，不断完善和推广成功的做法，确保精神文明建设的科学性和实效性。

另一方面，增强历史主动，强化精神文明建设。不管精神文明建设的形势和任务在新的历史阶段、新的历史起点、新的历史格局之上如何发展、延伸、变革，始终秉持初心使命，以坚定的历史自觉和深沉的历史主动一鼓作气、继续奋斗，始终是强化精神文明建设，做好各项工作的题中应有之义。习近平总书记"把核心价值观的要求变成日常的行为准则"①,"使之像空气一样无处不在、无时不有"②的殷殷嘱托和谆谆教诲,赋予了三明抓精神文明建设的战略定力和坚定信念。在精神文明建设过程中,三明始终注重思想引领,增强历史主动性,通过多种方式提升市民的思想道德素质,推动精神文明建设不断深入发展,通过举办道德讲堂、文明礼仪培训等活动,培养市民的文明习惯和道德修养。同时,三明以历史主动精神调动群众参与精神文明建设的能动性,激发广大人民群众参与创建、宣传创建、支持创建的热情,深化文明城市建设。在历史发展大势面前,三明不是被动应对,而是顺势而上、主动作为,主动补齐精神文明建设过程中的短板,引领了文明新风尚,创造了美好新生活。三明制定实施了专项工作方案,推动乡风文明建设。近年来,三明按照产业兴旺、生态宜居、乡风文明、治理有效、生活富裕的总要求,在对所处发展阶段和矛盾变化形势进行科学判断的基础上,先后制定实施了《三明市文明乡风建设专项工作方案》和《三明市持续深化移风易俗推进乡村振兴文明实践提升工作方案》,大力实施乡风文明建设工程。通过这些专项工作方案,明确精神文明建设领域内乡风文明建设的目标

---

① 《习近平关于社会主义精神文明建设论述摘编》,中央文献出版社2022年版,第109页。

② 《习近平关于社会主义精神文明建设论述摘编》,中央文献出版社2022年版,第114页。

和任务，制定详细的实施计划和措施，推动精神文明建设有序开展。开展环境整治和文明实践活动，用县域文明支撑社会文明，助力乡村振兴，以高度的历史主动让群众享受创建成果。三明在精神文明建设中，把群众的关注点转化为深化文明城市创建的着力点，大力推动一批民心工程，让更多群众切实享受到深化文明城市创建的成果。历史主动精神凝练于历史文化的深厚积淀、基于现实发展状况的生动实践、源于深度理论总结的实践智慧。同样，三明的成功经验表明，只有以高度的历史自觉、坚定的历史自信、凝练的历史主动，才能发扬奋斗精神、提高斗争本领，实现人人参与、共同建设，让文明之花根植文化沃土、绚丽绽放，提升思想引领，调动群众的主观能动性，才能确保精神文明建设的持续推进和不断深化，才能使精神文明建设取得更大成就。

四　三明精神文明建设新图景

精神文明建设是一个庞大而系统的工程，未来三明精神文明建设将继续坚持用马克思主义中国化的最新理论成果武装人民、凝聚力量，继续坚持守正创新、坚持培育和践行社会主义核心价值观，坚持推进人民精神生活和物质生活共同富裕，坚持传承弘扬优秀传统文化，坚定文化自信，持续健全公共文化服务体系，更好地满足人民文化需求，增强人民精神力量，持续提升"满意在三明"品牌，为建设"机制活、产业优、百姓富、生态美"的新三明服务。

（一）以习近平新时代中国特色社会主义思想凝聚共识、统一行动

统一的指导思想、共同的理想信念是激励全体人民团结奋斗的精神支柱，也是推进社会文明发展的精神纽

带。在全面推进中华民族伟大复兴的历史进程中，三明必须切实加强精神文明建设，不断巩固马克思主义在意识形态领域的指导地位，巩固全市人民团结奋斗的共同思想基础，为人民群众政治上团结、行动上一致提供根本思想保证。

一是坚持用习近平新时代中国特色社会主义思想指导三明精神文明建设理论创新。理论的生命力在于创新。[①] 精神文明建设理论的发展同马克思主义中国化的进程相统一，且在每一个历史阶段都产生了同那个阶段经济社会发展相适应、相统一的精神文明。党的十八大以来，中国特色社会主义进入新时代，精神文明建设也进入新的历史战略机遇期。习近平新时代中国特色社会主义思想是新时代精神文明建设的旗帜，为新时代精神文明建设提供了理论遵循和实践指导。习近平总书记关于精神文明建设的重要论述是一个科学的理论体系，揭示了实现中华民族伟大复兴的历史进程中，物质文明和精神文明协同发力的极端重要性；指出了在国际形势波谲云诡、周边环境复杂敏感的情况下，建设具有强大凝聚力和引领力的社会主义意识形态为中心工作提供有力保障，是巩固马克思主义在意识形态领域的指导地位、巩固全党全国各族人民团结奋斗的共同思想基础的路径和方法。三明市精神文明建设要进一步深入贯彻落实习

---

① 习近平：《在党史学习教育动员大会上的讲话》（2021年2月20日），人民出版社2021年版，第12页。

近平总书记关于精神文明建设的重要论述，深刻领悟其中所蕴含的科学理论、特点、规律，深刻把握新时代精神文明建设的道理、学理、哲理，将其作为三明市新时代做好精神文明建设的强大思想武器，团结群众、统一行动。

二是贯彻落实习近平总书记关于精神文明建设的重要指示，推动三明精神文明建设的实践创新。围绕精神文明建设，习近平总书记发表了一系列重要讲话、作出了一系列重要批示，为学习、理解、掌握精神文明建设提供了根本遵循，2022年2月，出版了《习近平关于社会主义精神文明建设论述摘编》。2023年6月，习近平总书记在文化传承发展座谈会上就进一步加强社会主义文化繁荣与文明建设指出："在新的起点上继续推动文化繁荣、建设文化强国、建设中华民族现代文明，是我们在新时代新的文化使命。"① 2024年7月《中共中央关于进一步全面深化改革、推进中国式现代化的决定》再次强调，"在文化体制改革方面，着眼于推进物质文明和精神文明相协调的现代化，提出推动理想信念教育常态化制度化，改进创新文明培育、文明实践、文明创建工作机制"②。习近平同志在福建工作期间曾先后11

---

① 习近平：《在文化传承发展座谈会上的讲话》（2023年6月2日），人民出版社2023年版，第10页。
② 《中共中央关于进一步全面深化改革、推进中国式现代化的决定》，《人民日报》2024年7月22日第1版。

次深入精神文明建设发祥地三明市调研，多次作出重要指示，三明市作为精神文明建设的排头兵，新时代的精神文明建设要以习近平总书记关于精神文明建设的重要论述作为根本遵循，遵循好、落实好、践行好习近平总书记关于新时代加强精神文明建设的重要指示批示精神。三明市精神文明建设应加强理想信念教育，培育和践行社会主义核心价值观，建好用好管好各级各类爱国主义教育基地，把社会主义核心价值观融入国民教育、精神文明创建、文化产品创作生产等全过程，深入推进三明市文明实践、文明培育、文明创建工作。加强新时代公民道德建设，深入开展村规民约、祖训家规研究、挖掘工作，系统收集、整理三明名人故事，挖掘三明精神文明建设的典型案例、重点人物和模范典型，出版"三明市精神文明建设系列成果"，将其作为三明市精神文明建设的宝贵资源。深入推进移风易俗研究利用工作，培养市民创新、包容、公德等公共文化素养，全面提升市民文明素质。

（二）推进"五大文明"协调发展，树立整体文明观

文明是一个整体性概念，代表着人类改造自然界、改造社会、改造主观世界的一切积极成果，是社会整

体进步的总和，既有物质进步的成果，也有精神进步的成果；既有政治的发展，也有经济的进步；既包括社会的发展，也有生态环境的改善。新时代的精神文明、物质文明、政治文明、社会文明、生态文明，各有侧重、协同发展，共同创造人类文明新形态。三明市应坚持五大文明协同发展的整体观统筹谋划新时代的精神文明。

一是坚持系统观念，全面落实"五位一体"总体布局，整体性推进"五大文明"协调发展。党的二十大报告中从世界观和方法论的高度对"坚持系统观念"[1]进行了深刻阐释，而"五位一体"总体布局正是体现这一思维的科学布局，是在洞悉并把握我国当前经济、政治、文化、社会及生态环境等领域的运行规律及其内在关联基础上，作出的推动中国特色社会主义事业全面发展的顶层设计与战略谋划，这一布局与"五大文明"的协同发展理念紧密相连，相互支撑，为推动其协调发展，共同应对中国式现代化进程中涌现的新形势、新变化与新挑战提供了实现路径。三明市统筹推进"五位一体"总体布局，形成了全面贯彻落实新发展理念的"三明实践"，在新的前进道路上，更要注重前瞻性、全局性的系统谋划，努力做好"红色三明""工业三明"

---

[1] 习近平：《高举中国特色社会主义伟大旗帜　为全面建设社会主义现代化国家而团结奋斗——在中国共产党第二十次全国代表大会上的报告》（2022年10月16日），人民出版社2022年版，第20—21页。

"绿色三明""文明三明"这四篇文章，深化"五比五晒"，打响"风展红旗 如画三明"品牌。这要求在纵向时间维度上，着眼长远，以大历史观洞察未来趋势，将短期、中期与长期目标相融合，精准把握文明发展的"时"与"势"，在横向空间维度上，则需将文明进步置于全球视野下考量，于"两个大局"中洞悉机遇与挑战，运用辩证与底线思维，灵活应对，主动作为，加强谋划部署，不断补齐短板、巩固基础、发挥优势，通过精准施策与持续努力，将"五大文明"建设融入建设全过程，贯穿方针政策、战略规划、执行落实，既充分发挥"五大文明"的独特作用，又着力推进其协调互动、形成合力，避免出现顾此失彼、厚此薄彼的畸形现象，以实现整体性推进。

二是着眼于发展新质生产力，以高质量发展为主题，创造新时代的物质文明。生产力对社会发展起着决定性作用，是社会变迁的决定性因素。发展仍是党执政兴国的第一要务，解放和发展社会生产力依然是社会主义的本质要求，要努力实现更高质量、更有效率、更加公平、更可持续的发展，这就要求以新的生产理论来指导，而在具体实践中新质生产力已经彰显了对其强劲的推动力与支撑力，习近平总书记曾概括新质生产力是"以劳动者、劳动资料、劳动对象及其优化组合的跃升为基本内涵，以全要素生产率大幅提升为核心标志，特点是创新，关键在质优，本质是先进生产力"①。自2020年以来，三明市启动新一轮六大科技创新平台建设，在装备制造、氟新材料、石墨烯材料、生物医药、现代农业等领域布局建设了六大科技创新平台，并拓展研究领域，将沪明绿色氟代制药工程技术研究中心和三明转化医学研究院纳入支持范围，初步构建具有山区特色的科技创新体系，取得了丰硕的成果。为进一步因地制宜发展新质生产力，首先要强化科技创新，特别是原创性、颠覆性创新，以科技创新驱动产业创新，立足雄厚的基础产业，促进科技成果转化，推动钢铁、水泥、纺织等传统产业"智改数转"，优化产业链布局，让老工业基地发出"新枝条"。其次，推动发展方式绿色转型，构建绿色低碳循环经济体系，坚定不移走生态优先、绿色发展之路，努力把传统产业引向高端化、智能化、绿色化，同时大力倡导绿色健康生活方式。最后，深化体制机制改革，形成优化与之相适的生产关系，以政府"有形之手"与市场"无形之手"共同培育驱动，创新生产要素配置方式，激发市场活力，并培养引进高素质人才，密切产学研合作，畅通教育、科技、人才的良性循环，引导和支持企业加大研发投入，更好地体现知识、技术、人才的市场价值。立足新发展阶段，厚植

---

① 习近平：《发展新质生产力是推动高质量发展的内在要求和重要着力点》，《求是》2024年第11期。

现代化的物质基础，稳中求进，着力推进"机制活、产业优、百姓富、生态美"新三明建设。

三是秉持人民至上的立场原则，满足人民对美好生活的需要，推动物质文明和精神文明协调发展。习近平总书记强调："只有物质文明建设和精神文明建设都搞好，国家物质力量和精神力量都增强，全国各族人民物质生活和精神生活都改善，中国特色社会主义事业才能顺利向前推进。"[1] 人民生活幸福是社会主义物质文明和精神文明的发展目标，注重物质文明积累的同时，更要促进精神文明的升华，以人的自由全面发展为根本宗旨，改善人民的生活水平，朝着共同富裕方向稳步前进，努力实现人的现代化。40多年来，三明形成了"共建联创""满意在三明""好人建设""市民文明特派员"等一个又一个精神文明建设品牌，精神文明建设渗透三明各行各业，新时代新征程上，三明要以40年精神文明建设为新起点，统筹推动文明培育、文明实践、文明创建，全力推动革命老区精神文明建设向更高层次、更高水平迈进，开创物质文明和精神文明协调发展的新局面。因此，首先，要坚持以提高人的综合素质、改善人的精神生活为基础，通过教育与生产劳动相结合，提升人的科学文化素质，以教育引导、舆论宣传、文化熏陶等多种方式大力发展社会主义先进文化，同时

---

[1]《习近平谈治国理政》第一卷，外文出版社2018年版，第153页。

扎实推进新时代文明实践结对共建工作，推动人才、资金、信息、技术等资源下沉，持续拓宽共治渠道，积极争取省以上的项目支持，汇聚更多资源，让文明实践有效覆盖内拓外扩，引导广大群众自觉参加文明宣传、文明教育、志愿服务等实践活动，推动形成与社会主义现代化相适应的道德观念与精神风貌，增强人的主体性，提供更为主动的精神力量。其次，要坚持完善制度体系，着眼于三明实际和群众需求，解决发展中不平衡不充分问题、人民群众急难愁盼的问题，文化、体育、健康是促进人全面发展的应有之义，通过文化惠民政策的深入实施、全民健身运动的广泛推广、医疗卫生体系的不断完善、生态环境的持续优化，以及民主法治建设的坚实保障等多个维度，积极扩充并优化公共产品与服务的供给体系，以更加精准有效地回应人民群众对于多元化权益保障日益增长的新期待，不断增强人民群众获得感、幸福感、安全感，为新三明建设提供强大的动力和支持。

（三）推进文化自信自强，筑牢精神文明建设文化底蕴

习近平总书记在文化传承发展座谈会上强调，"要坚定文化自信、担当使命、奋发有为，共同努力创造属

于我们这个时代的新文化，建设中华民族现代文明"①。文化自信作为新时代中国特色社会主义的显著特征，源于把马克思主义基本原理同中国具体实际、同中华优秀传统文化的紧密结合。坚定文化自信是实现中华民族伟大复兴的精神条件，是赓续中华民族历史文脉的必由之路，也是社会主义精神文明建设的重要保障。文明同文化浑然相接，密不可分。文化兴则国运兴，文化强则民族强，文化是一个国家、一个民族的灵魂所在和价值所归，是文明的载体，指导着文明的发展方向和具体进程。一个民族的强大必然需要物质和精神两个层面的富有，社会主义现代化强国建设要求物质文明建设与精神文明建设相辅相成、协同并举。早在140年前，马克思和恩格斯就提出"人们首先必须解决吃、喝、住、穿，然后才能从事政治、科学、艺术、宗教等等"②，只有物质文明得到充分发展时，人们才有"充分的闲暇时间去获得历史上遗留下来的文化——科学、艺术、社交方式等等——中一切真正有价值的东西"③。马克思主义传入中国，同中国历经5000年的优秀历史文化与人民群众的行为习惯、道德价值交融、契合，以一种崭新的姿态在中国实现丰富和发展，也深刻改变着中国大地。40多

---

① 习近平：《在文化传承发展座谈会上的讲话》（2023年6月2日），人民出版社2023年版，第12页。
② 《马克思恩格斯选集》第三卷，人民出版社2012年版，第1002页。
③ 《马克思恩格斯选集》第三卷，人民出版社2012年版，第199页。

年的改革开放为中国物质文明建设与实现中华民族伟大复兴中国梦奠定了坚实的发展基础，如今，中国正处于由大国走向强国的关键阶段，精神文明建设也呈现蓬勃发展的生机，在这一进程中坚定文化自信、加强先进文化的支撑和引领、推进精神文明建设显得尤为重要。

一是深入挖掘优秀文化资源，筑牢精神文明建设文化底蕴。文化作为一个国家和民族独具特色的软实力，文化的兴盛是国家发展必不可少的重要支撑，文化建设是培根铸魂、凝心聚力的重要事业。正如习近平总书记在庆祝中国共产党成立95周年大会上的讲话中深刻指出的，"文化自信，是更基础、更广泛、更深厚的自信"[1]。精神文明建设离不开文化的繁荣发展和自信自强，文化自信是对精神文明建设的深化与发展，彰显了对精神文明建设规律性的准确把握，是新时代中国特色社会主义精神文明建设的科学指导。传承并弘扬中华优秀传统文化、革命文化与社会主义先进文化，坚定文化自信，有助于发展社会主义文化，更好地满足人民群众对精神文化的需求，培育和弘扬社会主义核心价值观，提升国家文化软实力和中华文化影响力，增强实现中华民族伟大复兴的精神力量。三明作为文化多元交融的老区、苏区，文化资源丰富，发展历史悠久，在文化传承

---

[1] 习近平：《在庆祝中国共产党成立95周年大会上的讲话》（2016年7月1日），人民出版社2016年版，第13页。

发展方面具有深厚的底蕴基础和地域特色。习近平总书记始终关心关注三明发展，三明要加强精神文明建设，就要牢记习近平总书记的殷殷嘱托，在推进物质文明建设稳步向前的同时发扬好、运用好当地宝贵的历史文化资源，挖掘红色文化养分，探索繁荣现代文化之路，发展具有三明特色的社会主义先进文化，以文化的发展繁荣坚定自信自强，实现启智润心、培根铸魂，推进精神文明建设提质增效。

二是激发文化创新创造活力，凝聚精神文明建设合力。三明是闽人之源、闽学之源、闽师之源、闽江之源，有被誉为"南方周口店"的万寿岩古人类文化遗址，是中央苏区核心区、是中央红军长征的四个出发地之一，既有悠久的历史文化、辉煌的革命文化，也有独特的人文风情。丰富多彩的优秀传统文化资源是三明的宝贵精神财富，要将物质文明进步同文化繁荣发展紧密结合，将实现精神财富与物质财富的持续贯通与相互转化。在物质文明高质量发展方面，三明要完善发展体制机制，利用好当地的绿色资源，发展特色产业，实现经济发展的稳步推进。对宝贵的文化资源，三明要持续加大对当地特色历史文化符号的保护与研究力度，更好地将传统文化资源发扬光大，留住历史根脉，传承中华文明。在发展社会主义先进文化方面，要牢记习近平总书记对三明精神文明建设的重要嘱托，坚持守正创新，结合信息化的时代特点进行以人民为中心的实践探索，以改革创新精神不断培育发展具有三明特色的社会主义先进文化，切实增强文化自信自强。对待宝贵的文化资源，三明要从工作机制着手优化改进，强化思想引领、行动纲领和责任担当，加强优秀文化文明的宣传教育与风尚培养，凝聚精神文明建设的坚强合力，要深入开展先进文化与优秀文明宣传教育活动，大力弘扬社会主义核心价值观，在三明形成自觉践行文明行为的清朗之风，通过树典型、重宣传、强组织的方式为精神文明建设凝聚合力。

（四）坚持守正创新，推进精神文明建设新发展

习近平总书记强调："守正才能不迷失方向、不犯颠覆性错误，创新才能把握时代、引领时代。"[①] 新时代的精神文明建设应该坚持守正与创新相统一。三明精神文明建设具有丰富的文化资源、良好的理论积累、科学的实践经验，三明新时代的精神文明建设应该在继承历史经验的基础上，立足于解决现实问题，推进三明精神文明建设新发展。

---

① 习近平：《高举中国特色社会主义伟大旗帜　为全面建设社会主义现代化国家而团结奋斗——在中国共产党第二十次全国代表大会上的报告》（2022年10月16日），人民出版社2022年版，第20页。

一是秉承丰富精神文明建设经验，在"守正"中激发新动力。守正，意味着坚守精神文明建设的根与基，是精神文明建设的可靠保证。三明精神文明建设坚持循序渐进，始终以科学理论和优秀文化作为引领，从探索起步到创新发展，结合不同历史阶段特点，探索并积累了一批具有鲜明地方特色、可学习可推广的宝贵经验。新时代精神文明建设要系统总结、提炼三明精神文明建设的有效做法、先进经验，把握三明精神文明建设的基本规律，深入思考精神文明建设中的价值基础、思想基础和科学方法。积极策划并举办一系列富有纪念意义的宣传活动，旨在广泛传播并推广被实践所证明了的行之有效的做法，弘扬"好在共建，贵在坚持，重在建设"核心理念，逐步打造出更具三明地方特色的精神文明品牌，让这些品牌既具有大众化、社会普遍化的形式，又具有真实可感、切近可行的内涵，深刻揭示精神文明建设的本质规律与基本要求，提升社会影响力和认同感。另外，要积极探索制度化、常态化、长效化的管理机制与路径，创新发展精神文明建设新理论。守正不是因循守旧，而是为了更好地创新，精神文明建设不能一蹴而就，也绝非一劳永逸，其为一项复杂持久的系统工程，这就要求在面对新的困难和挑战时，始终坚守精神文明建设的科学方法，自觉运用战略思维、系统思维、辩证思维、创新思维、法治思维、历史思维、底线思维等科学思维方法，充分考虑三明地方特色与实际情况，从而不断丰富"三明经验"的时代内涵，确保政策措施的科学性、针对性和可操作性，赋予其新的生命力，以坚定的信念和不懈的努力，持之以恒地推进各项工作，巩固和扩大精神文明建设成果，让精神文明建设常绿常青。

二是坚持问题导向解决现实问题，在"创新"中迈上新台阶。创新，则意味着推进精神文明建设与时俱进。习近平总书记指出："只有站在时代前沿，引领风气之先，精神文明建设才能发挥更大威力。"[1] 针对更加复杂多变的社会环境和人民群众日益增长的精神文化需求，要将改革创新的理念贯穿于精神文明建设的全过程，这就要求树立鲜明的问题导向，聚焦人民群众日常生活中的现实问题，继而分析研判其成因并加以解决。依托群众性精神文明建设，勇于探索未知、敢于先行先试，不断丰富精神文明建设的内容和形式，优化方式方法，完善体制机制，有效应对群众生活中的新问题，解决新矛盾，探索新的路径，增强精神文明建设的实际效果。具体而言，一方面，要全面审视并优化精神文明建设的工作思路。紧紧围绕党的二十大报告中明确提出的

---

[1] 《习近平关于社会主义精神文明建设论述摘编》，中央文献出版社2022年版，第6页。

"统筹推动文明培育、文明实践、文明创建"① 这一战略部署,这不仅要具备宏观视野,能够精准把握全局与局部、当前与长远、宏观与微观之间的动态平衡,还要深入剖析建设实践中主要矛盾与次要矛盾、特殊与一般之间的辩证关系,坚持全面覆盖与突出重点并重,既要确保精神文明建设的成果惠及广大人民群众,又要集中力量解决关键领域和薄弱环节的问题,实现以点带面、整体提升的效果。另一方面,要形成全面强化工作责任体系,构建更加高效、协同的领导体制与工作机制。党政齐抓共管,及时梳理精神文明建设工作中存在的短板、弱项,科学规划、精心部署,在此基础上,充分发挥精神文明建设委员会的组织协调功能,作为枢纽桥梁,精准对接各方需求,有效调度资源,加大资金、人力等投入力度,形成上下联动的强大合力,确保各项决策部署能够迅速转化为实际行动,关注生态环境、社会秩序、公共服务等各个方面的协调发展,并创新精神文明创建的新载体,以小切口带动大变化,满足人民群众日益增长的物质文化需要,增强与人民群众的互动性和参与性。以更加开放的姿态、更加务实的作风、更加创新的思维,持续推动三明市精神文明建设的赓续发展。

---

① 习近平:《高举中国特色社会主义伟大旗帜 为全面建设社会主义现代化国家而团结奋斗——在中国共产党第二十次全国代表大会上的报告》(2022年10月16日),人民出版社2022年版,第44页。

参考文献

一 著作

《马克思恩格斯选集》第三卷,人民出版社2012年版。

《毛泽东年谱(一八九三——一九四九)》修订本、上卷,中央文献出版社2013年版。

《邓小平文选》第二卷,人民出版社1994年版。

《邓小平文选》第三卷,人民出版社1993年版。

《胡锦涛文选》第二卷,人民出版社2016年版。

胡锦涛:《论构建社会主义和谐社会》,中央文献出版社2013年版。

《江泽民文选》第一卷,人民出版社2006年版。

《习近平关于城市工作论述摘编》,中央文献出版社2023年版。

《习近平关于社会主义精神文明建设论述摘编》,中央文献出版社2022年版。

《习近平关于社会主义文化建设论述摘编》,中央文献出版社2017年版。

《习近平关于依规治党论述摘编》，中央文献出版社2022年版。

《习近平谈治国理政》第二卷，外文出版社2017年版。

《习近平谈治国理政》第四卷，外文出版社2022年版。

《习近平谈治国理政》第一卷，外文出版社2018年版。

《习近平著作选读》第二卷，人民出版社2023年版。

《习近平著作选读》第一卷，人民出版社2023年版。

《习仲勋年谱（一九一三—二〇〇二）》第4卷，中央文献出版社2024年版。

习近平：《福建农村市场化发展探索》，福建教育出版社2002年版。

习近平：《干在实处 走在前列——推进浙江新发展的思考与实践》，中共中央党校出版社2006年版。

习近平：《高举中国特色社会主义伟大旗帜 为全面建设社会主义现代化国家而团结奋斗——在中国共产党第二十次全国代表大会上的报告》（2022年10月16日），人民出版社2022年版。

习近平：《论"三农"工作》，中央文献出版社2022年版。

习近平：《论把握新发展阶段、贯彻新发展理念、构建新发展格局》，中央文献出版社2021年版。

习近平：《在党史学习教育动员大会上的讲话》（2021年2月20日），人民出版社2021年版。

习近平：《在纪念毛泽东同志诞辰130周年座谈会上的讲话》（2023年12月26日），人民出版社2023年版。

习近平：《在庆祝中国共产党成立95周年大会上的讲话》（2016年7月1日），人民出版社2016年版。

习近平：《在庆祝中国人民政治协商会议成立65周年大会上的讲话》，人民出版社2014年版。

习近平：《在文化传承发展座谈会上的讲话》（2023年6月2日），人民出版社2023年版。

习近平等：《展山海宏图 创世纪辉煌——福建山海联动发展研究》，福建人民出版社2000年版。

《三中全会以来重要文献选编》上，人民出版社1982年版。

《十九大以来重要文献选编》（中），中央文献出版社2021年版。

《十六大以来重要文献选编》（上），中央文献出版社2005年版。

《十四大以来重要文献选编》上，中央文献出版社2011年版。

《十四大以来重要文献选编》下，中央文献出版社2011年版。

《〈中共中央关于进一步全面深化改革、推进中国式现代化的决定〉辅导读本》，人民出版社2024年版。

《中国共产党两个关于若干历史问题的决议》，人民出版社 2021 年版。

杨逍、林怡冰：《高校学生管理工作的行与思》，天津科学技术出版社、天津出版传媒集团 2022 年版。

中共福建省委宣传部宣传处：《精神文明 大放光明：三明市社会主义精神文明建设经验集》，福建人民出版社 1983 年版。

中共三明市委办、三明市档案馆编：《习近平在三明资料汇编》。

中共中央办公厅调研室宣传组编：《三明之路——福建省三明市社会主义精神文明建设的经验》，法律出版社 1990 年版。

中共中央宣传部：《中国共产党宣传工作简史》下卷，人民出版社 2022 年版。

中央文明办组织编写：《改革开放以来社会主义精神文明建设大事记》，辽宁人民出版社 2001 年版。

二 期刊

罗燕：《新时期精神文明建设在此发芽开花——为基层治理增活力 为高质量发展添动力》，《民生周刊》2024 年第 16 期。

求是杂志社调研组：《三明：以人民为中心的生动实践》，《求是》2021 年第 1 期。

习近平：《发展新质生产力是推动高质量发展的内在要

求和重要着力点》，《求是》2024年第11期。

习近平：《加强文化遗产保护传承 弘扬中华优秀传统文化》，《求是》2024年第8期。

三 报纸

《贯彻落实新时代党的建设总要求 进一步健全全面从严治党体系》，《人民日报》2024年6月29日第1版。

《青山绿水是无价之宝 山区要画好"山水画"做好山水田文章》，《福建日报》2022年4月11日第4版。

《中共中央关于进一步全面深化改革 推进中国式现代化的决定》，《人民日报》2024年7月22日第1版。

高建进：《文明，一座城市30年的追梦之旅——福建省三明市精神文明创建活动纪实》，《光明日报》2014年9月13日第7版。

欧阳秀敏、潘玉腾：《牢记习近平同志对三明精神文明建设的重要嘱托 奋力书写建设文明新高地的福建答卷》，《福建日报》2023年6月27日第9版。

张洁玲：《以人民为中心深化三明精神文明建设实践》，《三明日报》2024年6月16日第3版。

张旭东、赵超、涂洪长、林超、高敬：《三明答卷——习近平新时代中国特色社会主义思想福建三明践行记》，《人民日报》（海外版）2020年12月17日第3版。

辛向阳，法学博士，中国社会科学院马克思主义研究院院长、党委副书记，二级研究员、博士生导师。第十四届全国人大代表，中国社会科学院大学马克思主义学院院长。享受国务院政府特殊津贴，全国文化名家暨"四个一批"人才，国家"万人计划"领军人才。国家社科基金评委，国家出版基金评委。出版专著20部，在《人民日报》《光明日报》《马克思主义研究》《中国特色社会主义研究》等报刊上发表文章400余篇，主持和参与国家级、省部级课题50余项，获得国家和省部级奖30余项。

刘爱玲，法学博士，中国社会科学院马克思主义研究院思想政治教育研究室主任，副研究员。主要从事马克思主义中国化与思想政治教育、公民道德教育、社会发展与教育政策研究。主持中国社会科学院马工程重大项目、中国社会科学院重大调研项目、国家社科基金项目、教育部人文社会科学研究项目等十余项。在《马克思主义研究》《教育研究》《中国特色社会主义研究》《思想理论教育导刊》《光明日报》《经济日报》等报刊上发表学术论文70余篇。

陈建波，法学硕士，中国社会科学院马克思主义研究院副研究员，研究领域为中共党史党建，出版专著《实现中国梦的必由之路——中国特色社会主义道路》

《中国特色社会主义共同富裕道路研究》《科学民主与规范高效的统一：民主集中制的决策与执行体制》《"五位一体"总体布局》《延安精神》等多部，在《马克思主义研究》《世界社会主义研究》《新闻与传播研究》《中国社会科学报》《中国青年报》等报刊上发表文章40余篇。

杨彬彬，法学博士，中国社会科学院马克思主义研究院副研究员。出版专著《伟大社会革命》，合著或参编《人民群众与全面深化改革》《共铸中华民族现代文明》等著作多部。在《当代中国史研究》《科学社会主义》《光明日报》《经济日报》等报刊上发表文章70余篇，多篇被人大复印报刊资料全文转载。主持国家社科基金青年项目、中国社会科学院"青启计划"、中国社会科学院青年人文社会科学研究中心社会调研项目等课题8项。多次获得中国社会科学院优秀对策信息奖。